Handig met Word

voor senioren

Copyright	© 2009 Easy Computing 1ste druk 2009
Uitgever	Easy Computing Publishing N.V. Horzelstraat 100 1180 Brussel
	Easy Computing B.V. Jansweg 40 2011 KN Haarlem
Web	www.easycomputing.com
Auteur	Anne Timmer-Melis
Eindredactie	Evelyne Blancke
Vormgeving	Phaedra creative communications, Westerlo
Cover en artwork	Sari Vandermeeren
ISBN	978-90-456-4469-1
NUR	991
Wettelijk Depot	D/2009/6786/18

INHOUD

1

2

VISITEKAARTJES EN ETIKETTEN

8

EEN BOEKJE SAMENSTELLEN

9

HANDIG WERKEN MET SJABLONEN

10

INLEIDING

Handig met Word is een boek voor beginners. Een boek voor mensen die hun pc graag handig inzetten om leuke dingen te doen in Word: een overzichtelijke brief typen, een wenskaartje ontwerpen, cd-hoesjes maken …

In **Handig met Word** maakt u kennis met de veelzijdige tekstverwerker Word. U raakt vertrouwd met de typische handelingen die de basis vormen voor elk project, of dat nu een zakelijk document is of een creatieve fotokalender. Natuurlijk gaat u overal zelf aan de slag. En dat allemaal op uw eigen tempo!

Elk hoofdstuk vormt een afgebakende oefening waarin alles logisch en helder wordt uitgelegd. U kunt actief meedoen. Maar geen nood, dit gebeurt niet zonder begeleiding! De realistische kleurenfoto's van het computerscherm helpen u stap voor stap. De rode pijlen wijzen u de weg.

Mocht u gaan twijfelen, dan zijn er talrijke tips en waarschuwingen. Deze vertellen u wat u wél en wat u net niet mag doen. Makkelijk en veilig!

Ieder hoofdstuk eindigt met een aantal moeilijkheden en vragen van andere beginners, uiteraard aangevuld met een toelichting en een oplossing. Altijd leerrijk!

Helemaal achterin dit boek vindt u een uitgebreide woordenlijst. Zo zoekt u snel wat extra uitleg op. Maak ook her en der in de hoofdstukken staan krachtige definities van de belangrijkste termen.

We wensen u veel plezier met Word!

Easy Computing

Handig met Word

easy computing

Ref: 978-90-456-4469-1

www.easycomputing.com

WORD, DE HANDIGE TEKSTVERWERKER

- Word openen en sluiten

- In- en uitzoomen

- Wisselen tussen documenten

- Wat staat er op de cd?

WORD, DE HANDIGE TEKSTVERWERKER

Microsoft Word mag wereldwijd het populairste programma voor tekstverwerking genoemd worden. Deze tekstverwerker wordt dan ook even vaak gebruikt op de werkvloer als in de privésfeer: om een verslag te typen, een brief op te stellen, een wenskaartje te ontwerpen, en nog zo veel meer...

Microsoft
Afgekort als MS. De maker van Word en andere bekende kantoortoepassingen zoals Excel, Access, Internet Explorer, ...

WAT KUNT U DOEN MET WORD?

Word, de tekstverwerker van **Microsoft**, geldt als het gebruiksvriendelijke en veelzijdige antwoord op de ouderwetse typemachine van weleer. In Word typt u eveneens tekst op een vel 'papier', alleen hebt u hier handige mogelijkheden om foutjes corrigeren, aanpassingen door te voeren en gearchiveerde teksten bij te werken. Bovendien biedt Word talloze opties om uw tekst mooi vorm te geven: met kleuren, vormen en illustraties. Zo kunt u uw creativiteit de vrije loop laten... en u kiest zelf wanneer u het resultaat daadwerkelijk afdrukt!

In dit boek maakt u kennis met het programma en leert u van alles over het ontwerpen van originele wenskaarten, verjaardagskalenders, cd-labels, enzovoort ... Maar eerst gaat u de cd-rom bij dit boek verkennen.

Waarvoor dient de cd?

Op de cd-rom bij dit boek staan allerlei gratis voor-
beeld- en oefenbestanden. Met de oefen**documenten**
kunt u heel makkelijk de beschreven stappen en creatieve projecten in de hoofdstukken volgen. Natuurlijk kunt
u ook alle tekst zelf gaan typen in Word, maar als u gebruik maakt van de voorziene oefenteksten hebt u minder voorbereidend werk. Daarnaast bevat de cd ook
nog een aantal kant-en-klare voorbeelden die u desge-
wenst kunt aanpassen naar uw eigen smaak.

Document
Andere naam voor een bestand
dat gemaakt is in Word.

De cd-bestanden vormen
een hulpmiddel bij dit boek,
maar u bent niet verplicht
om de cd te gebruiken.

De cd-rom gebruiken

Voordat u verder leest in dit boek kopieert u de inhoud
van de cd naar de vaste schijf van uw computer. Dit gaat
heel gemakkelijk: u hoeft maar één keer te **klikken**.

Klikken
Eenmaal drukken op de linker
muisknop.

❶ Leg de cd-rom in de cd-lader en
sluit deze.

❷ Na enkele seconden verschijnt het
introductievenster.

❸ Klik op de knop **Kopiëren**.

❹ De bestanden worden
gekopieerd.

❺ Haal de cd uit de cd-speler.

Alle oefen- en voorbeelddocumenten staan nu op uw vaste schijf. Ze werden automatisch geplaatst in de map **Documenten**, in een submap met de naam **Creatief met Word**.

Bent u benieuwd of dat wel echt zo is? We gaan het even controleren via de Verkenner van Windows Vista.

① Klik op de knop **Starten**. ─────────▶

② Er verschijnt een menu.

③ Klik op **Documenten**. ─────────

Venster
Soort frame waarin Windows meldingen of de inhoud van mappen toont, of een werkruimte waarbinnen u uw taken uitvoert.

De map **Documenten** opent in een **venster**. Hierin krijgt u zicht op de inhoud van de map en op de structuur ervan.

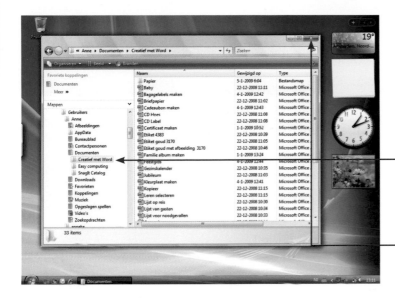

4 Een venster met twee delen opent.

5 Links dubbelklikt u op **Creatief met Word**.

6 Rechts verschijnt de inhoud van deze map.

7 Klik op de knop **Sluiten**.

8 Het venster verdwijnt en u belandt weer op het Bureaublad.

De cd-bestanden staan dus netjes op uw computer. Ze staan ook nog steeds op het cd-schijfje, maar dit hebt u nu eigenlijk niet meer nodig.

In de volgende paragraaf gaat u zo'n voorbeelddocument openen met het programma Word.

WORD STARTEN

Net als andere programma's start u ook Word via de knop **Starten**, het kleurige vlaggetje linksonder op de taakbalk. Door erop te klikken opent het menu **Start**. Dit is een keuzelijst die toegang geeft tot alles wat op de vaste schijf staat, zowel mappen als programma's.

Bovenaan in het witte gedeelte ziet u de programma's die onlangs gebruikt zijn. In ons voorbeeld zijn dat Internet Explorer en Outlook. Werkte u al eerder met Word, dan staat dit programma misschien al bovenaan. Klik erop en het programmavenster opent.

Wellicht bevat de map **Documenten** in uw geval nog meer bestanden en mappen. De lijst rechts is dan veel langer. Ziet uw scherm er echt helemaal anders uit, klik dan eens in de menubalk op **Beeld** en kies voor **Details**.

Ziet u nergens **Word** staan, volg dan deze stappen:

1 Klik op de knop **Starten**.

2 Het startmenu opent.

3 Klik op **Alle programma's**.

4 Links verschijnen nu allerlei programmanamen.

5 Klik op **Microsoft Office**.

6 Klik op **Microsoft Office Word
2007**.

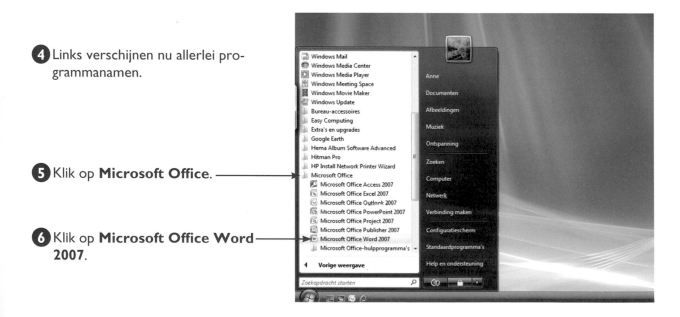

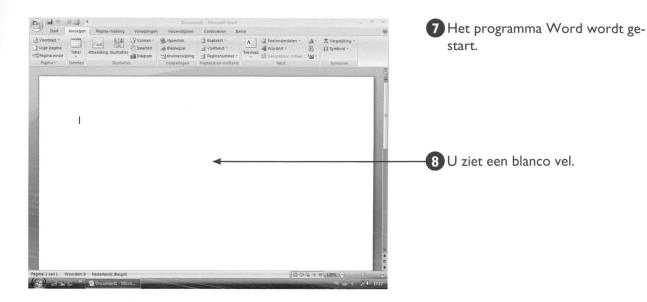

7 Het programma Word wordt ge-start.

8 U ziet een blanco vel.

Het programmavenster van Word toont bovenaan een werkbalk met veel woorden en symbooltjes. Het grootste deel van het scherm wordt echter ingenomen door een blanco vel. Dit alles wordt het bewerkingsvenster genoemd. De andere schermcomponenten komen in hoofdstuk 2 aan bod.

OMGAAN MET EEN WORD-DOCUMENT

Word start altijd met een nieuw leeg document, een blanco vel. Hierin kunt u tekst typen met behulp van het toetsenbord. U kunt ook een reeds opgeslagen document openen en daarin verder werken.

Een Word-document openen

In deze oefening gaat u een oefenbestand openen.

1 Klik op de **Office-knop**.

2 Een menu verschijnt.

3 Klik op **Openen**.

4 Bovenop het bewerkingsvenster ligt nu een ander venster.

5 U ziet de inhoud van uw vaste schijf.

6 Dubbelklik op de map **Creatief met Word**.

7 Klik op **Briefpapier**.

8 Klik op **Openen**.

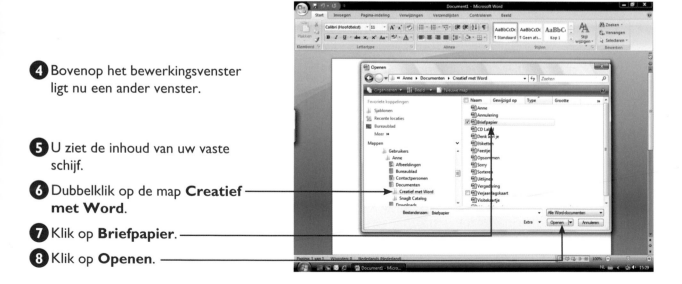

9 Het document wordt geopend in het Word-venster.

Vóór elke bestandsnaam staat een icoontje **W**. Dit duidt erop dat de documenten gemaakt zijn met Word en dat u ze in Word kunt openen.

Navigeren in een document

Het document Briefpapier is versierd met bloemenstroken en heeft een groene tekst. De brief zelf is niet volledig zichtbaar, maar aan de rechterkant van het scherm staat een balk waarmee u het vel papier naar boven of naar onder kunt schuiven. De uiteinden van deze schuifbalk hebben kleine pijltjes. Door meermaals op zo'n pijltje te klikken kunt u meer tekst van de brief in beeld brengen. U kunt ook **slepen** met het blokje in de balk.

Slepen
Klikken en met ingedrukte muisknop bewegen naar een andere plaats.

Al naar gelang de lengte van het document is het blokje klein en vierkant of ziet het eruit als een balk.

1. Plaats de muisaanwijzer op het schuifblokje.

2. Houd de linker muisknop ingedrukt.

3. Beweeg naar beneden.

4. De onderstaande tekst schuift nu in beeld.

Wilt u liever een blik werpen op de brief in zijn geheel, dan kunt u gebruikmaken van de zoomfunctie. Standaard staat **Inzoomen** op 100%.

1. Klik rechtsonder op het schuifpijltje.

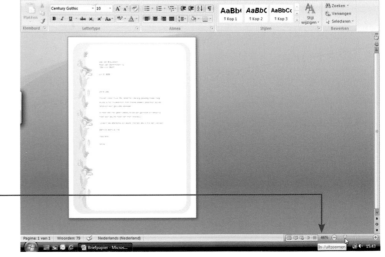

2. Sleep deze naar links.

3. Stop bij 46%.

4. Gans de brief is nu zichtbaar.

Sleept u de schuifregelaar terug naar rechts, dan wordt er uitgezoomd en wordt de tekst weer groter. Al deze veranderingen gebeuren enkel op het scherm; de brief zelf behoudt zijn ingestelde afmetingen en opmaak.

Nog een document openen

In Word kunt u meerdere documenten tegelijk openen. Zoiets kan handig zijn als u eens twee verschillende teksten met elkaar op het scherm wilt vergelijken.

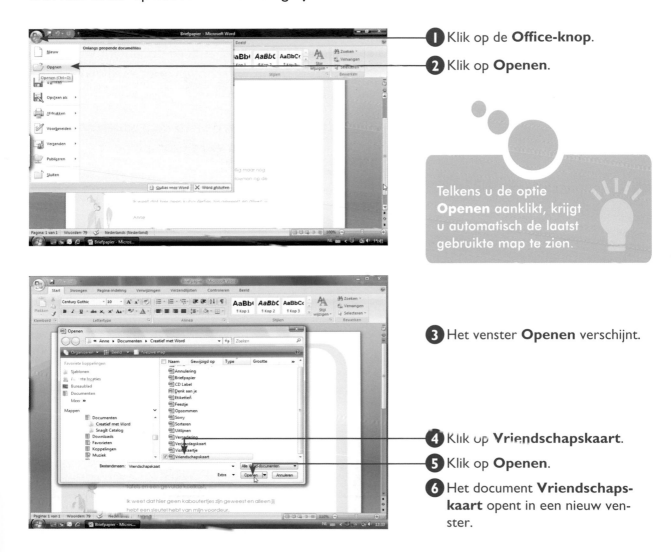

1 Klik op de **Office-knop**.

2 Klik op **Openen**.

Telkens u de optie **Openen** aanklikt, krijgt u automatisch de laatst gebruikte map te zien.

3 Het venster **Openen** verschijnt.

4 Klik op **Vriendschapskaart**.

5 Klik op **Openen**.

6 Het document **Vriendschaps-kaart** opent in een nieuw venster.

In de taakbalk is te zien dat er twee documenten geopend zijn: er staan twee taakknoppen met de naam van elk document. De donkerste knop toont aan dat dit document geactiveerd is. Elk document is geopend in een eigen venster.

Wisselen tussen documenten

Overschakelen tussen de geopende documenten kan snel en gemakkelijk door in de taakbalk op de documentnaam te klikken. Het andere document wordt dan naar de achtergrond verschoven. Het verdwijnt uit het zicht maar wordt niet gesloten!

1 De vriendschapskaart is in beeld.

2 Beweeg uw muis naar de taakknop **Briefpapier**.

3 Een miniatuurvenstertje verschijnt.

4 Klik.

5 De brief komt weer in beeld.

Documenten sluiten

Als u klaar bent met werken in Word moet u uw document(en) sluiten. Hebt u enkel een bestand geopend en er niets aan veranderd, dan heeft sluiten geen enkele invloed op de inhoud. Bent u wel in het document bezig geweest en wilt u stoppen, dan zal Word u vragen om op te slaan. U krijgt de vraag of u de wijzigingen wilt opslaan. Klik op **Ja** om dat te doen. Kiest u voor **Nee**, dan blijft de originele versie van het bestand bewaard en gaan uw wijzigingen verloren.

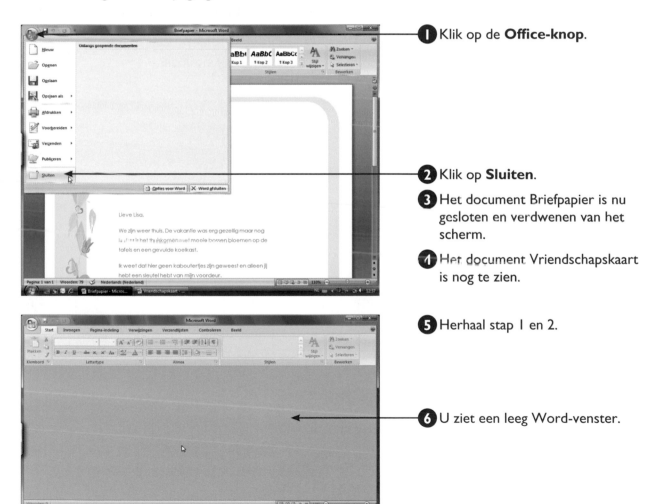

❶ Klik op de **Office-knop**.

❷ Klik op **Sluiten**.

❸ Het document Briefpapier is nu gesloten en verdwenen van het scherm.

❹ Het document Vriendschapskaart is nog te zien.

❺ Herhaal stap 1 en 2.

❻ U ziet een leeg Word-venster.

Omdat u de beide documenten enkel geopend hebt zonder iets te veranderen, krijgt u geen vraag om op te slaan. Het programma Word is nu wel nog actief. U zou een nieuw bewerkingsvenster kunnen openen of een document dat op de vaste schijf is opgeslagen. Hier gaan we Word volledig afsluiten.

WORD AFSLUITEN

Het programmavenster van Word sluit u via de **Office-knop** en de menukeuze **Word afsluiten**. Sneller nog gaat het via de knop **Sluiten**, de rode knop met het kruisje rechtsboven in de titelbalk.

❶ Klik op het sluitknopje. ────────────

❷ Het programma wordt beëindigd.

AFSLUITING

In dit hoofdstuk hebt u kennis gemaakt met het programma Word en met het werkvenster. De documenten die op de boek-cd staan hebt u gekopieerd naar de vaste schijf van uw computer. U leerde documenten openen en sluiten.

Veel gestelde vragen

Op mijn computer staat alleen Microsoft Office!

Microsoft Office is de programmabundel van fabrikant Microsoft waarin de tekstverwerker Word zit ingebouwd. Als u Office bezit, dan hebt u zeker ook Word! Klik in het startmenu op **Microsoft Office**. Eronder verschijnen dan de programmanamen van alle ingebouwde programma's. Word 2007 staat daar zeker bij.

Kan ik ook door een tekst navigeren met het wieltje van mijn muis?

Veel computermuizen zijn voorzien van een klein wieltje bovenaan. Door dit wieltje naar u toe of weg van u te rollen, laat u de inhoud op het scherm naar onder of naar boven opschuiven. Dit noemt men ook scrollen.

Staan er altijd zoveel knoppen en opties in een Word-venster!?

Het werkvenster van Word kan inderdaad overweldigend zijn voor beginners. Werkt u voor de eerste keer met een computer, neem dan de tijd om de informatie van de vensters die op uw beeldscherm verschijnen op u in te laten werken, maar probeer niet alles tegelijk te begrijpen. In dit boek attendeer ik u steeds op de informatie die op dat moment belangrijk is, zodat u niet overladen wordt met informatie.

Maak u ook geen zorgen als de balken bij u een andere kleur hebben of andere symbooltjes vertonen. Daar leest u later meer over.

2

RONDLEIDING IN WORD

● Alle onderdelen op het scherm

● De Office-knop

● Het lint

RONDLEIDING IN WORD

Elk nieuw document ziet eruit als een leeg, wit vel. Heel herkenbaar voor wie zich ooit nog met een typemachine moest behelpen. Maar verder ziet zo'n Word-venster er behoorlijk vol en indrukwekkend uit. Vooral het bovenste gedeelte, het lint, bevat veel knoppen en vakjes. In dit hoofdstuk maken we u wegwijs in het werkvenster van Word.

Het is mogelijk dat op uw pc de balken een andere kleur hebben, dat sommige symbooltjes wel of niet aanwezig zijn, enzovoort. Dat ligt aan uw persoonlijke instellingen, maar het verandert niets aan de werking van Word.

DE OFFICE-KNOP

Linksboven in elk Office-document, dus niet alleen in Word, staat de Office-knop. Onder deze knop gaat een lijstje met een aantal belangrijke opdrachten schuil. De mogelijkheden zijn allemaal van toepassing op het ganse document. Het gaat om openen, opslaan, afdrukken, enzovoort.

❶ Klik op de **Office-knop**. ──────────

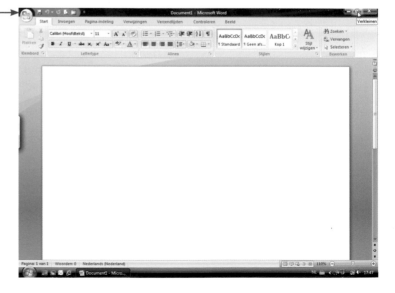

2 De knop wordt donkergeel.

3 Een menu opent. Bekijk de mogelijkheden.

4 Klik ergens buiten de lijst.

5 Het menu verdwijnt weer.

WERKBALK SNELLE TOEGANG

Naast de Office-knop ziet u een kort balkje met enkele **iconen**. Dit is de werkbalk Snelle toegang. Het is de ideale plek voor opdrachten die u heel vaak gebruikt. Door op het betreffende icoontje te klikken kunt u de gewenste opdracht snel en direct uitvoeren, en hoeft u niet meer door te klikken via de Office-knop.

Een opdrachtknop toevoegen

Standaard bevat dit werkbalkje al enkele handige ico-
nen, maar u kunt er zelf nog meer aan toewijzen. In de oefening gaat u een icoontje toevoegen voor **Afdruk-voorbeeld**.

Icoon
Of pictogram. Eenvoudige grafi-
sche voorstelling om een bepaalde functie of een bestand makkelijk te herkennen.

1 Klik op het pijltje van de werkbalk Snelle toegang.

2 Een menulijst opent.

3 De vinkjes wijzen aan dat deze opdrachten al in de werkbalk staan.

4 Klik op **Afdrukvoorbeeld**.

5 Er staat nu een extra icoon in het balkje.

6 Het menulijstje is weg.

U hebt nu een extra knopje aan de werkbalk Snelle toegang toegevoegd. Voortaan kunt u met één klik een afdrukvoorbeeld oproepen.

Het kan echter voorkomen dat u een opdracht wilt toevoegen die niet in de menulijst staat, bijvoorbeeld **Sluiten**. Ga dan zo te werk:

1 Klik op het werkbalkpijltje.

2 Het menu opent.

3 Klik op **Meer opdrachten**.

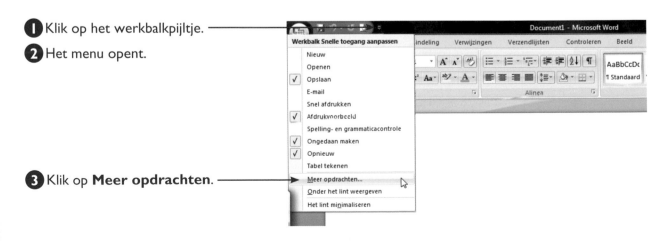

4 Het venster **Opties voor Word** opent.

5 Klik op het pijltje onder **Kies opdrachten uit**.

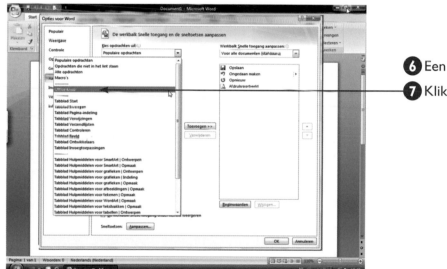

6 Een lijst verschijnt.

7 Klik op de **Office-knop**.

Door op **Office-knop** te klikken verschijnen alle opdrachten die hieronder schuilgaan. **Sluiten** hoort daar ook bij.

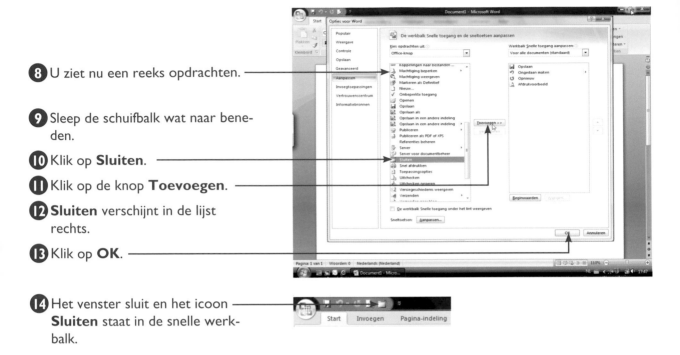

8 U ziet nu een reeks opdrachten. ─────────

9 Sleep de schuifbalk wat naar beneden.

10 Klik op **Sluiten**. ─────────

11 Klik op de knop **Toevoegen**. ─────────

12 **Sluiten** verschijnt in de lijst rechts.

13 Klik op **OK**. ─────────

14 Het venster sluit en het icoon ─────── **Sluiten** staat in de snelle werkbalk.

Opdrachticoontjes verwijderen

Bevat **Snelle toegang** opdrachten die u echt weinig gebruikt, dan kunt u de betreffende icoontjes weghalen. Klik daartoe op het werkbalkpijltje. In het menu klikt u voor de aangevinkte opdracht die u niet meer nodig hebt. Zo vinkt u deze opdracht uit. Het icoon verdwijnt dan meteen uit de werkbalk Snelle toegang.

DE TITELBALK

De lange balk helemaal bovenaan het scherm is de titelbalk. Hier kunt u aflezen dat u met Microsoft Word werkt en ziet u welk document is geopend. Een nieuw bestand krijgt standaard de naam **Document1**. Opent u een tweede nieuw bestand, dan wordt dit Document2. Hebt u uw werk al eens opgeslagen, dan staat hier de naam die u er aan toegekend hebt.

Uiterst rechts in de titelbalk staan de knoppen **Minimaliseren**, **Verkleinen/Maximaliseren** en **Sluiten**. Door op een ervan te klikken, minimaliseert u, verkleint/vergroot u of sluit u gans het programmavenster.

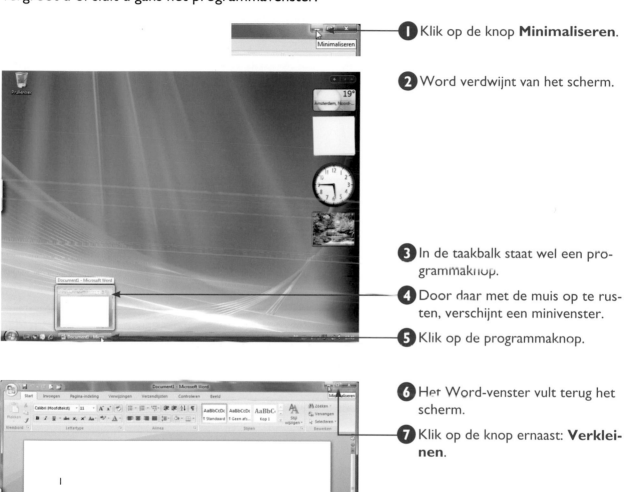

1 Klik op de knop **Minimaliseren**.

2 Word verdwijnt van het scherm.

3 In de taakbalk staat wel een programmaknop.

4 Door daar met de muis op te rusten, verschijnt een minivenster.

5 Klik op de programmaknop.

6 Het Word-venster vult terug het scherm.

7 Klik op de knop ernaast: **Verkleinen**.

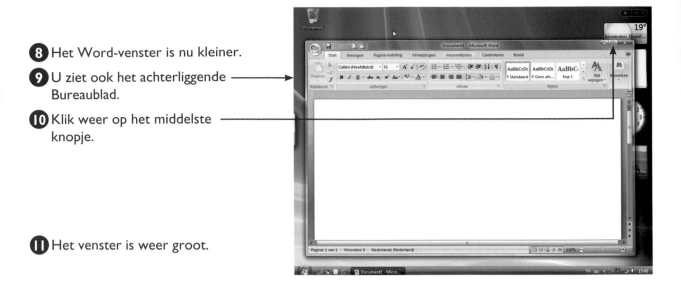

8 Het Word-venster is nu kleiner.

9 U ziet ook het achterliggende Bureaublad.

10 Klik weer op het middelste knopje.

11 Het venster is weer groot.

HET LINT

Het meest opvallend in het programmavenster is het lint. Deze strook vol vakken, symbolen en woorden beslaat bovenaan een flink stuk van het venster. En dan nog is niet gans de inhoud ervan zichtbaar! In het lint zijn alle opdrachten te vinden die u aan de tekstverwerker kunt geven. Grof weg kunt u het lint opdelen in drie onderdelen.

Tabbladen

Groepen

Opdrachten

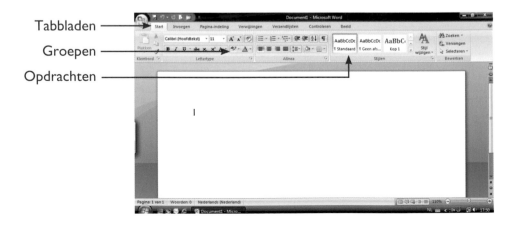

Standaard is het tabblad **Start** zichtbaar. Door op een andere tab te klikken krijgt u andere mogelijkheden te zien. Elk tabblad is verdeeld in groepen. Deze zijn afgebakend met een fijn kader en tonen onderin de naam van die groep, bijvoorbeeld **Alinea**. Elke groep bundelt een aantal opdrachten die bij elkaar horen.

De tabbladen

Op het tabblad **Start** staan alle basisonderdelen waarmee u tekst invoert en opmaakt. Kijkt u naar de groep **Lettertype** dan ziet u de opdrachten voor het verfraaien van tekst: u kunt een ander lettertype kiezen, de tekstgrootte bepalen, een kleur kiezen, lijnen aanbrengen, enzovoort.

Op het tabblad **Beeld** vindt u opdrachten om een beter overzicht van uw werk te krijgen of om allerlei onderdelen aan het venster toe te voegen. In de oefening gaat u een **liniaal** toevoegen.

Liniaal
Visueel hulpmiddel om uw tekstblad beter in te delen.

❶ Klik op de tab **Beeld**.

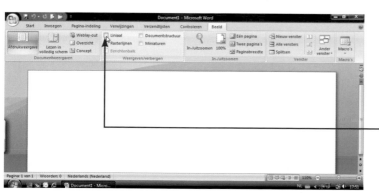

❷ Het tabblad **Beeld** wordt zichtbaar in het lint.

❸ Aan het blanco vel verandert er niets.

❹ Klik op het vakje voor **Liniaal**.

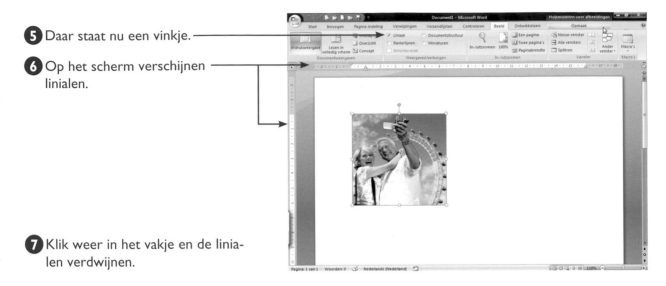

5 Daar staat nu een vinkje.

6 Op het scherm verschijnen linialen.

7 Klik weer in het vakje en de linialen verdwijnen.

Linialen verschijnen enkel op het scherm. Ze worden niet mee afgedrukt.

Aanvullende tabbladen

Naast de vaste tabbladen zijn er ook tabbladen die enkel opduiken wanneer het programma verwacht dat u deze nodig hebt. Dat gebeurt bijvoorbeeld wanneer u een foto in uw tekstdocument geplaatst hebt en u selecteert deze om hem verder te bewerken. Rechts verschijnt dan een aanvullend tabblad **Opmaak**. Hierin vindt u alle opdrachten voor het bewerken van een afbeelding. Het lint met de tabbladen verandert dus zodra u een bepaalde handeling uitvoert.

Tabblad **Opmaak**

HET BEWERKINGSGEBIED

Het grote witte vlak in het venster van Word noemen we het bewerkingsgebied. Hierin typt u tekst, plaatst u foto's, enzovoort. In het bewerkingsgebied ziet u een streepje knipperen. Dit is het **invoegpunt** dat aangeeft waar elke letter die u intoetst exact zal verschijnen. Bij elke toetsaanslag schuift dit streepje mee op. Het blijft meestal knipperen achter de laatst getypte letter. Echter, door met de muis op een andere plek in de getypte tekst te klikken, kunt u de invoegcursor verplaatsen.

Beweegt u met de muis over het bewerkingsgebied, dan ziet u nog een ander teken bewegen: de **muisaanwijzer**. Deze ziet eruit als een hoofdletter I. Zodra u daarmee over het lint of de balken schuift, verandert het teken in een pijltje.

Invoegpunt
Of cursor. Knipperend streepje dat de plek aangeeft waar tekens zullen verschijnen.

Muisaanwijzer
Het teken op het scherm dat de beweging van uw muis toont.

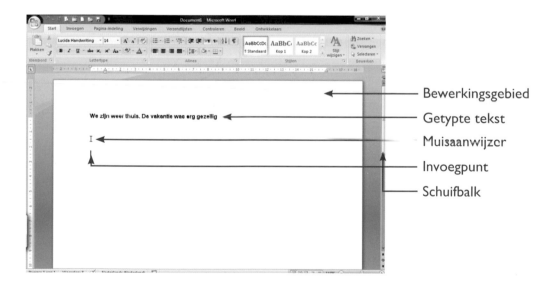

— Bewerkingsgebied
— Getypte tekst
— Muisaanwijzer
— Invoegpunt
— Schuifbalk

We zijn weer thuis. De vakantie was erg gezellig

DE STATUSBALK

Helemaal onderaan in het venster ziet u de statusbalk. Via deze lichtblauwe balk geeft Word u boodschappen over de status van uw werk. U kunt erin aflezen hoe veel pagina's uw document telt, hoe veel woorden u hebt getypt, enzovoort. Rechts staan vijf knopjes waarmee u de inhoud van uw bewerkingsgebied op een andere manier kunt laten weergeven.

Statusbalk ⟶

Weergavevormen

Tijdens uw werk zal de informatie in de statusbalk geregeld veranderen. Welke boodschappen er meegedeeld worden en welke niet, kunt u zelf instellen. Daar gaan we nu echter niet op in.

AFSLUITING

In dit hoofdstuk hebt u ontdekt hoe het programma- en werkvenster van Word is opgebouwd. Wanneer u het programma voor de eerste keer bekijkt is het best wel overweldigend. Gelukkig hoeft u niet meteen alles te onthouden. In de volgende hoofdstukken leert u stap voor stap waar de knoppen en symbolen voor dienen.

Veel gestelde vragen

Ik heb al eens met Works gewerkt. Is dat ook een tekstverwerker?

Microsoft Works is een bundel van diverse programma's waarin ook een tekstverwerker is opgenomen. Deze biedt echter minder mogelijkheden dan MS Word.

Mijn tekstverwerker Word ziet er anders uit!

De kleur van balken en knopjes kan al eens verschillen en het is ook mogelijk dat u op uw scherm meer of minder knopjes en mogelijkheden ziet. Doorgaans vormt dit geen probleem en kunt u de stappen prima volgen!

Is de afwijking echt heel groot, dan kan het ook zijn dat u met een vorige programmaversie werkt, bijvoorbeeld MS Word 2003. In dat geval beschikt u niet over een lint en bent u aangewezen op werkbalken voor de invoer en opmaak van uw tekst. Deze werkbalken zijn echter ook gebruiksvriendelijk en herbergen haast alle opties en opdrachten van Word 2007.

3

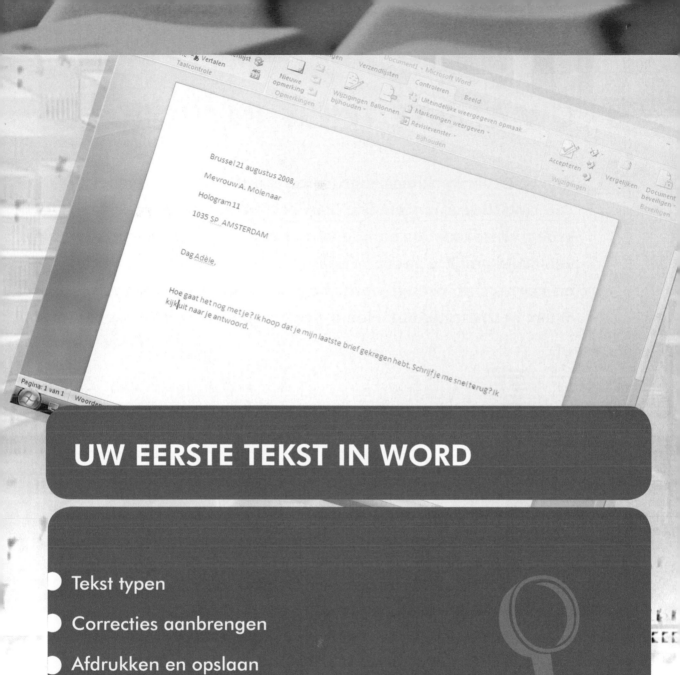

UW EERSTE TEKST IN WORD

- Tekst typen
- Correcties aanbrengen
- Afdrukken en opslaan
- Opmaken en verfraaien

UW EERSTE TEKST IN WORD

Een tekstverwerkingsprogramma is ontwikkeld voor het maken van tekstdocumenten. Dat kan een brief zijn, een verjaardags-groet, visitekaartjes en nog veel meer. De basishandelingen blij-ven altijd gelijk: u voert de tekst in, maakt eventueel wijzigingen en correcties, brengt opmaak aan, bewaart het document en drukt het resultaat af. Hoe u deze stappen verricht leert u hier.

BEGINNEN MET HET TOETSENBORD

Het grootste deel van uw klavier bestaat uit toetsen met letters en cijfers. Er zijn echter ook toetsen met sym-bolen en opgedrukte woordjes. Deze dienen bijvoor-beeld om accenten te typen of om speciale opdrachten te geven.

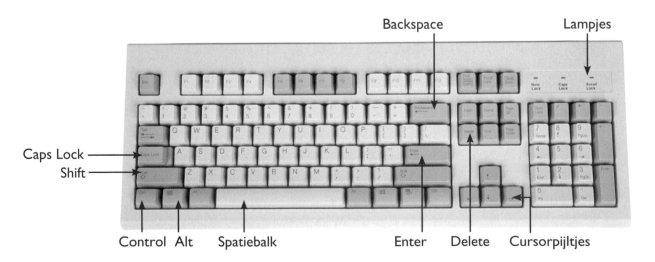

Backspace

Lampjes

Caps Lock

Shift

Control Alt   Spatiebalk

Enter   Delete   Cursorpijltjes

De meeste toetsen zijn repeterend. Dit wil zeggen dat het getoetste teken op het scherm blijft verschijnen zolang u de toets ingedrukt houdt. Drukt u bijvoorbeeld enkele tellen lang op de toets [A], dan zal er een hele reeks *aaaaaaaaaaaaaa*'s op uw vel verschijnen. Raak dus tijdens het typen de toetsen altijd heel kort aan.

EEN STUK TEKST TYPEN

Voordat u begint met typen moet u nog een paar dingen onthouden:

Teken
Computertaal voor een letter, cijfer, leesteken, spatie, enzovoort.

- Het **teken** dat u typt verschijnt altijd voor het invoegpunt.

- Met een druk op de spatiebalk creëert u een scheiding tussen twee tekens of tussen woorden.

- Als uw tekst het einde van de regel bereikt gaat het invoegpunt automatisch naar de volgende regel.

- Wilt u de tekst eerder op een nieuwe regel laten beginnen, druk dan op de toets [Enter].

- Druk tweemaal op de toets [Enter] om een blanco regel te creëren.

- Soms zal Word tijdens het typen automatisch dingen veranderen, bijvoorbeeld van een kleine letter een hoofdletter maken of rode lijntjes aanbrengen. Daar gaan we later op in.

Een hoofdletter typen

Een hoofdletter maakt u net zoals op de oude typemachine: door eerst een bepaalde toets ingedrukt te houden. Op de pc is dat de [Shift]-toets.

1 Druk op [Shift] en houd inge- ——————— drukt.

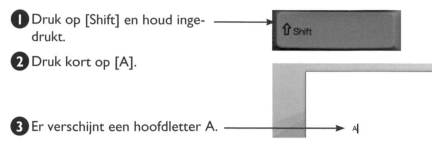

2 Druk kort op [A].

3 Er verschijnt een hoofdletter A. ————————▶ A|

4 Laat de [Shift]-toets los.

Alles in hoofdletters

Wilt u een stuk tekst volledig in hoofdletters typen, dan gaat dat vlotter als u [Shift] vastzet. Door eenmaal op [Caps Lock] (of [Shift Lock]) te drukken vergrendelt u de hoofdlettertoets. Elke letter die u nu aanslaat zal als hoofdletter verschijnen.

1 Druk op [Caps Lock]. ————————

2 Er gaat een lampje branden op het ————————▶ toetsenbord.

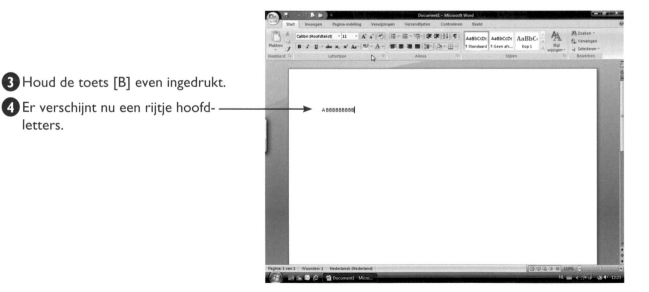

3 Houd de toets [B] even ingedrukt.

4 Er verschijnt nu een rijtje hoofd- ——————— letters.

Speciale tekens invoeren

Voor het typen van leestekens en symbolen die als tweede teken op een toets staan, gebruikt u ook de toets [Shift]. Soms verschijnt het accentteken pas nadat u ook de bijhorende letter ingedrukt hebt. Denk maar aan de combinatie ë.

Een oefening

Oefen uw typvaardigheden alvast eens met de tekst uit de schermafbeelding. Het maakt niet uit dat er nog een rijtje hoofdletters op uw vel staat. Succes!

Het gebruik van [Caps Lock] betekent ook dat de alternatieve, tweede tekens op bepaalde toetsen zullen verschijnen als u deze toetsen indrukt. Door nogmaals op [Shift] te drukken, wordt de hoofdlettervergrendeling weer uitgezet en krijgt u terug kleine letters.

De computer met een tekstverwerkingsprogramma is de vervanger geworden van de typemachine. Een geavanceerde machine is gedegradeerd tot potlood of vulpen. Maar, zoals elke machine is voor elke handeling een instructie nodig en dat doet je soms besluiten om toch maar de vulpen te nemen.

CORRECTIES IN UW TEKST

Waarschijnlijk hebt u de oefentekst niet 100% foutloos kunnen invoeren. Het grote voordeel van een tekstverwerker is dat een foutje nog niet betekent dat u helemaal opnieuw moet beginnen. Alles kan perfect gecorrigeerd worden. Spelfouten kunt u wissen en verbeteren.

Verwijdert u iets, dan past de tekst zich vanzelf aan. Word verschuift de aanwezige woorden en probeert daarbij altijd zoveel mogelijk tekens op een regel te krijgen. Tekens verwijderen kan met twee toetsen: [Delete] en [Backspace].

Wissen met [Delete]

Klik met de muisaanwijzer net **voor** het te corrigeren teken. Of gebruik de pijltjestoetsen van het toetsenbord om het invoegpunt naar de juiste plek te sturen. Druk nu kort op de toets [Delete]. Het foutieve teken is gewist. Druk meermaals op [Delete] als er nog verkeerde tekens achter staan. Of houd de wistoets wat langer ingedrukt.

1 Klik net voor: met

2 Het invoegpunt knippert nu voor de m.

3 Druk zo lang op [Delete] tot de woorden **met een tekstverwerkingsprogramma** allemaal gewist zijn.

4 De achterliggende tekst schuift naar voor.

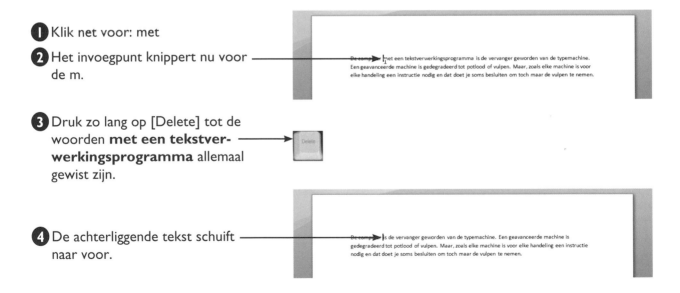

Wissen met [Backspace]

Klik met de muisaanwijzer net **achter** het te corrigeren teken, of gebruik de pijltjestoetsen. Druk nu kort op de toets [Backspace]. Het verkeerde teken is gewist. Druk meermaals op [Backspace] als er nog foutieve tekens voor staan. Of houd de wistoets wat langer ingedrukt.

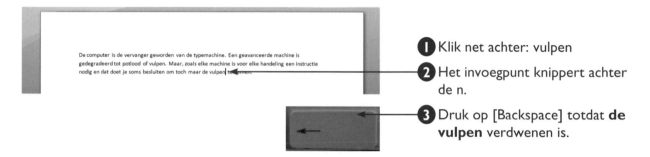

1 Klik net achter: vulpen

2 Het invoegpunt knippert achter de n.

3 Druk op [Backspace] totdat **de vulpen** verdwenen is.

Een woord tussenvoegen

Hebt u per ongeluk een correct teken gewist of wilt u later nog een vergeten woordje toevoegen? Makkelijk! Plaats de cursor op de betreffende plek en typ het teken of woord, eventueel voorafgegaan door een spatie.

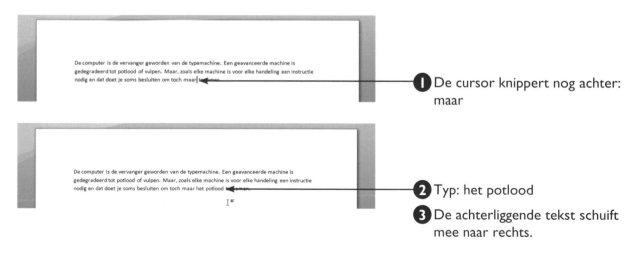

1 De cursor knippert nog achter: maar

2 Typ: het potlood

3 De achterliggende tekst schuift mee naar rechts.

Ongedaan maken werkt niet voor alle instructies. Bijvoorbeeld tekst opslaan kunt u niet meer ongedaan maken.

Ongedaan maken

Hebt u te veel woorden verwijderd, dan bestaat er nóg een manier om dit te corrigeren: klikken op de knop **Ongedaan maken**. Dit knopje met een kromme pijl naar links staat in de werkbalk Snelle toegang.

Deze functie is trouwens heel handig bij elke verkeerde handeling die u gemaakt hebt. Bijvoorbeeld als u per ongeluk een bepaalde toets aanraakte en daardoor ongewild een verkeerde instructie aan de computer gaf.

Ongedaan maken onthoudt alle handelingen die u chronologisch uitvoerde en maakt ze per klik weer ongedaan. Klikt u tweemaal op **Ongedaan maken**, dan worden de laatste én de voorlaatste actie geannuleerd, enzovoort.

Of toch opnieuw?

Bedenkt u zich en wilt u de ongedane actie toch weer uitvoeren, dan klikt u op de knop **Opnieuw**. Dat is de knop met de pijl naar rechts, net naast **Ongedaan maken**. Let wel: deze knop is enkel toegankelijk nadat u eerder op **Ongedaan maken** geklikt hebt. Anders ziet de knop eruit als een cirkelpijl en heet hij **Herhalen**.

Uw werk opslaan

Tekst die u getypt hebt, wilt u meestal ook bewaren voor later. U moet uw werk dan **opslaan**. Dat doet u met de knop **Opslaan** uit de snelle werkbalk of via de **Office-knop**.

Opslaan
Kopiëren naar en bewaren op de vaste schijf van uw computer.

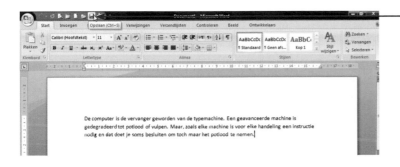

❶ Klik op de knop **Opslaan**.

❷ Het venster **Opslaan als** verschijnt.

Dit venster ziet er ingewikkelder uit dan het is. Linksboven staat de naam van het venster: **Opslaan als**. Daaronder bevindt zich een adresbalk. Hierin kunt u aflezen in welke map van uw computer u bezig bent. Het middendeel van het venster wordt ingenomen door twee kolommen. Links staan alle **Mappen** die op de vaste schijf aanwezig zijn en rechts ziet u de inhoud van de map die momenteel aangeklikt is.

U gaat er nu voor zorgen dat uw tekstje bewaard wordt in de map **Creatief met Word**, een submap binnen de map **Documenten**. Uw werk slaat u op als een document met de naam Typemachine.

Is dit bij u niet de geopende map, klik dan aan de linkerkant op het woord **Documenten** en de map wordt geopend. Klik nu op de map **Creatief met Word** en u ziet de oefenbestanden die u hebt gekopieerd van de cd (zie hoofdstuk 1).

3 Bekijk het venster **Opslaan als**.

4 Navigeer in de linker kolom.

5 Klik op **Documenten** en daaronder op **Creatief met Word**.

6 Klik nu in het vak **Bestandsnaam**.

7 Typ: Typemachine

8 Klik op **Opslaan**.

9 Het venster verdwijnt automatisch.

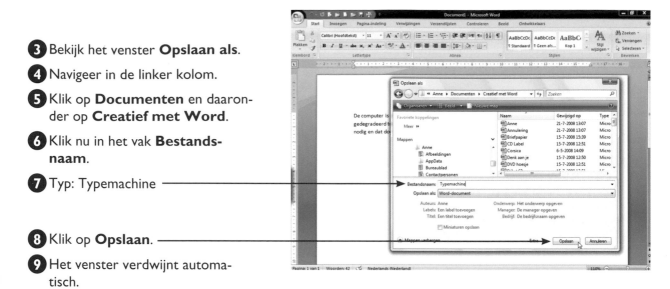

Uw tekst is nu bewaard als een Word-document met de naam Typemachine. Dat kunt u zien in de titelbalk.

Het document bevindt zich op uw vaste schijf in de gekozen submap, maar blijft tevens op uw scherm staan. U kunt nu besluiten het bewerkingsvenster te sluiten of de tekst af te drukken.

AFDRUKKEN EN AFDRUKVOORBEELD

Om niet onnodig papier te verspillen aan een slechte afdruk, is het raadzaam om eerst te controleren of uw tekst wel goed op papier zal komen te staan. Word biedt daartoe een hulpmiddel: het **Afdrukvoorbeeld**. Hiermee krijgt u op het scherm perfect te zien hoe de afdruk zal zijn. De knop hiervoor staat in de werkbalk Snelle toegang (zie hoofdstuk 2).

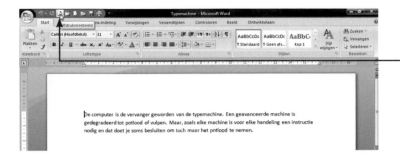

1 Uw tekst staat nog op het beeldscherm.

2 Klik op **Afdrukvoorbeeld**.

3 Uw tekst wordt nu getoond als **Afdrukvoorbeeld**.

4 Bovenin staat slechts één tabblad met opties.

5 Klik op de knop **100%**.

6 De tekst wordt groter.

In de groep **In-/uitzoomen** staan allerlei mogelijkheden om uw document beter te bekijken. U kunt ook zelf een percentage opgeven hoeveel de tekst vergroot of verkleind moet worden. Probeer de knoppen gerust eens uit! Met uw tekst gebeurt er niets; enkel de schermweergave verandert.

Vindt u dat de tekst niet zo netjes staat, dan biedt het venster **Afdrukvoorbeeld** opties om allerlei veranderingen door te voeren. Zo kunt u bijvoorbeeld de marges of de printrichting aanpassen.

Afdrukken

Met de knop **Afdrukken** gaat u meteen naar het venster **Afdrukken**. Hier kunt u nog een paar instellingen maken over hoe veel en wat u precies wilt printen. Deze opties zijn vooral nuttig als u met lange documenten werkt. Nu volstaat het om af te drukken met de standaard instellingen.

1 Klik op de knop **Afdrukken**.

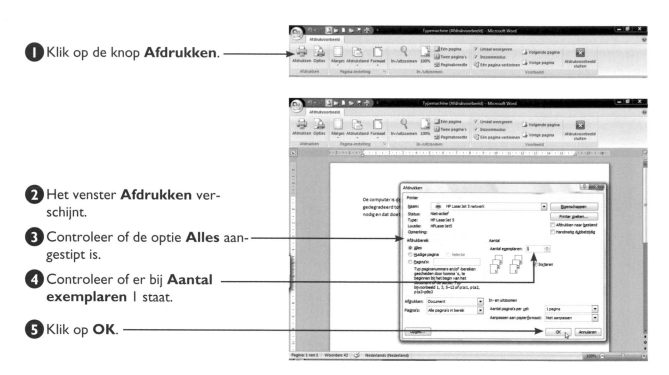

2 Het venster **Afdrukken** verschijnt.

3 Controleer of de optie **Alles** aangestipt is.

4 Controleer of er bij **Aantal exemplaren** 1 staat.

5 Klik op **OK**.

De tekst rolt uit de printer. Het venster **Afdrukken** sluit vanzelf.

6 U belandt weer in het **Afdrukvoorbeeld**.

7 Klik op **Afdrukvoorbeeld sluiten**.

8 U belandt weer in het gewone bewerkingsvenster.

SLUITEN EN OPNIEUW BEGINNEN

U bent klaar met deze oefening en gaat het document sluiten. Hoe dat moet hebt u al geleerd in het eerste hoofdstuk. In hoofdstuk 2 hebt u bovendien het knopje **Sluiten** toegevoegd aan de Snelle werkbalk. Dit gaat u nu gebruiken.

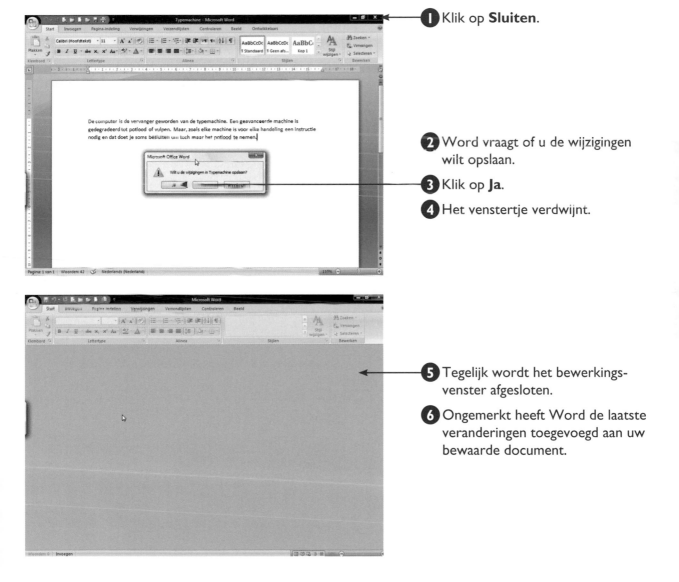

1 Klik op **Sluiten**.

2 Word vraagt of u de wijzigingen wilt opslaan.

3 Klik op **Ja**.

4 Het venstertje verdwijnt.

5 Tegelijk wordt het bewerkingsvenster afgesloten.

6 Ongemerkt heeft Word de laatste veranderingen toegevoegd aan uw bewaarde document.

De vraag **Wilt u de wijzigingen opslaan?** krijgt u alleen als u nog iets met de tekst gedaan hebt nadat deze al eens werd opgeslagen. Zo wordt vermeden dat u per ongeluk een document sluit zonder een paar grote wijzigingen te bewaren. Dankzij de veiligheidsvraag krijgt u dus alsnog de kans om alles op te slaan.

Een nieuw document beginnen

Wilt u meteen verder werken in Word en weer met een nieuw blanco vel starten? Klik op de **Office-knop** en kies voor **Nieuw**. Vervolgens klikt u op **Maken** en een blanco vel verschijnt in het bewerkingsvenster. Het kan ook via de werkbalk Snelle toegang.

❶ Klik op de knop **Nieuw**. ───

❷ Een blanco werkblad met de naam ── **Document2** verschijnt.

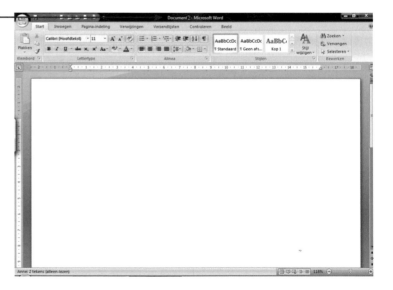

Laat het nieuwe document maar even op het scherm staan. U gaat er zo mee verder.

TEKST SELECTEREN

Selecteren is een cruciale handeling in Word. Waarom dat zo is, leert u dadelijk. Eerst gaat u een stukje tekst typen in het nieuwe werkblad:

"Valentijnsdag is een gelegenheid om je geliefde te verrassen. Zo stuurde Gérard zijn vriendin Hélène een uitnodiging voor een dinetje bij Chez Albert. Maar ondertekende de uitnodiging niet. Op Valentijnsdag zit Gérard met een bos rozen bij Chez Albert en wie komt binnen? Niet Hélène maar haar zus Märiëlle en haar vriendin Edmée, zij waren gestuurd om te zien wie de stille bewonderaar was. Niet de reactie die Gérard had verwacht maar na een telefoontje werd het toch nog gezellig."

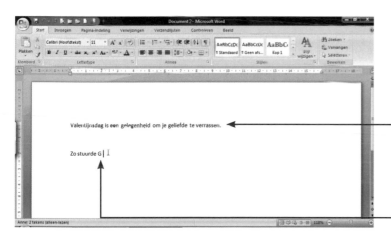

❶ Typ de eerste regel.

❷ Druk twee maal op de toets [Enter].

❸ Er is een blanco regel gemaakt.

❹ Typ: Zo stuurde G

❺ Typ de rest van de tekst.

Wat is selecteren?

Selecteren betekent (een stuk) tekst markeren om er een bewerking op uit te voeren. In Word gaat u heel geregeld selecteren om opmaak toe te passen, bijvoorbeeld een mooi lettertype, een andere kleur, onderlijning, enzovoort.

De geselecteerde tekst krijgt een markering.

Druk niet op een toets terwijl er tekst geselecteerd is! Anders wordt de selectie vervangen door het ingetoetste teken.

Deselecteren of de selectie opheffen doet u door op een andere plaats te klikken.

Hoe selecteren?

Om een woord te selecteren klikt u net voor de eerste letter, u houdt de muisknop ingedrukt en sleept tot na de laatste letter. Wanneer u de muisknop loslaat, staat het woord in een gekleurd balkje.

Deze manier werkt altijd, maar er bestaan ook andere werkwijzen om bijvoorbeeld afzonderlijke woorden of ganse zinnen te selecteren.

1 Open het oefendocument: Leren selecteren

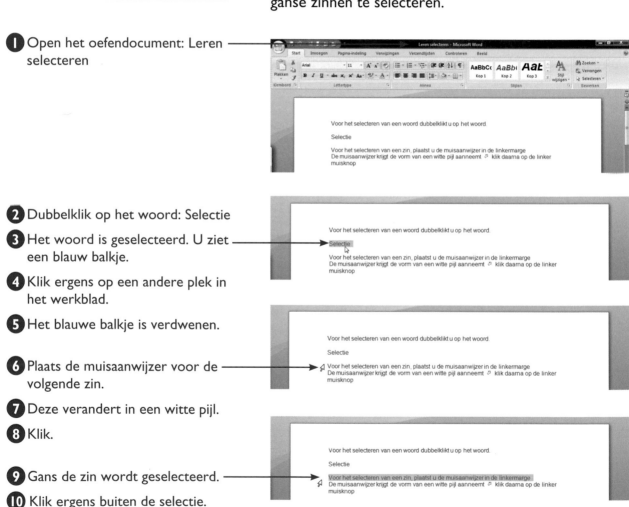

2 Dubbelklik op het woord: Selectie

3 Het woord is geselecteerd. U ziet een blauw balkje.

4 Klik ergens op een andere plek in het werkblad.

5 Het blauwe balkje is verdwenen.

6 Plaats de muisaanwijzer voor de volgende zin.

7 Deze verandert in een witte pijl.

8 Klik.

9 Gans de zin wordt geselecteerd.

10 Klik ergens buiten de selectie.

11 De selectie wordt opgeheven.

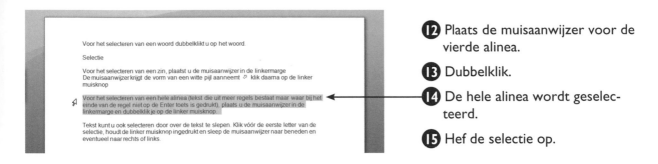

12 Plaats de muisaanwijzer voor de vierde alinea.

13 Dubbelklik.

14 De hele alinea wordt geselecteerd.

15 Hef de selectie op.

Het slepen met de muis is een vaardigheid. In het begin gaat het niet zo gemakkelijk. Gaat er eens iets fout, dan is er altijd nog de knop **Ongedaan maken**.

De miniwerkbalk

Zodra u een stuk tekst selecteert, doemt er u een vaag werkbalkje op in uw werkblad. Het bevat enkele knoppen om opmaak aan te brengen. Dit wordt de miniwerkbalk genoemd. Wijst u de miniwerkbalk aan met de muis, dan wordt de balk verscherpt en kunt u de knoppen aanklikken. In de oefening maakt u op die manier een stuk tekst vet.

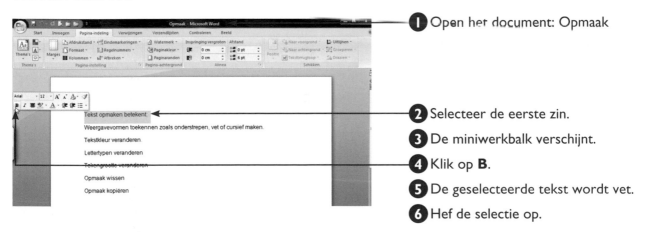

1 Open het document: Opmaak

2 Selecteer de eerste zin.

3 De miniwerkbalk verschijnt.

4 Klik op **B**.

5 De geselecteerde tekst wordt vet.

6 Hef de selectie op.

De miniwerkbalk is een verkleinde versie van de groep **Lettertype** van het tabblad **Start**. Dit betekent dat u de opties die u in de miniwerkbalk ziet, ook kunt activeren via dit tabblad.

VET, CURSIEF EN ONDERSTREEPT

Als u een tekst typt, geeft Word er automatisch al een opmaak aan. Deze standaard opmaak bestaat uit een neutraal, zakelijk lettertype in zwarte tekstkleur. Daar kunt u snel al enkele aanpassingen op maken, bijvoorbeeld woorden vet maken (**B**old), cursief zetten (**I**talic) of onderstrepen (**U**nderscore). De knopjes hiervoor staan op het tabblad **Start** van het lint, maar ook in de miniwerkbalk. Maar eerst moet u selecteren!

U kunt de drie opmaakknopjes ook in combinatie gebruiken, zolang uw selectie actief is.

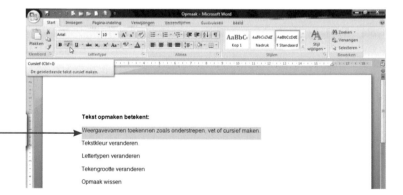

1 Selecteer de tweede zin.

2 Klik op de knop **Cursief**.

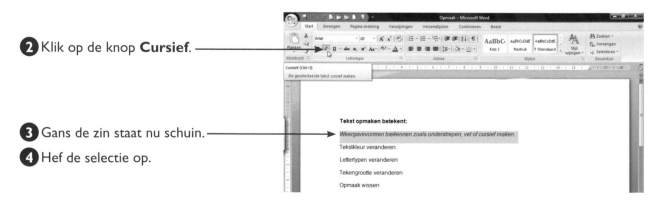

3 Gans de zin staat nu schuin.

4 Hef de selectie op.

Een gelijkaardige werkwijze volgt u om woorden vet te maken of te onderstrepen.

OPMAKEN MET LETTERTYPEN EN KLEUR

Uw document wordt pas echt fraai als u met tekstkleur gaat experimenteren, een leuker lettertype kiest of de lettergrootte varieert. Blijf werken in het oefendocument Opmaak.

Andere tekstkleur

Sommige opmaakknopjes zijn voorzien van een klein keuzepijltje. Door daarop te klikken opent u een lijst met mogelijkheden.

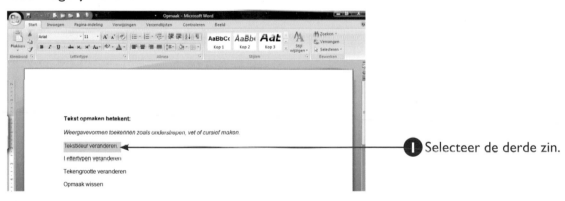

1 Selecteer de derde zin.

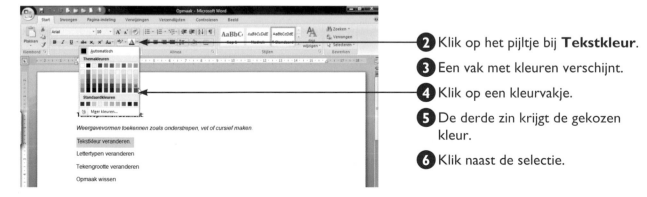

2 Klik op het pijltje bij **Tekstkleur**.

3 Een vak met kleuren verschijnt.

4 Klik op een kleurvakje.

5 De derde zin krijgt de gekozen kleur.

6 Klik naast de selectie.

Een leuk lettertype

Met een lettertype bedoelen we de stijl en vormgeving van de letters. Hier gaan we alle tekstregels voorzien van een ander lettertype. Selecteer dus alles. Heel snel gaat dat met de **toetscombinatie** [Ctrl]+[A].

1 Houd [Ctrl] ingedrukt en druk op [A].

2 Alle tekst wordt geselecteerd.

3 Klik op de keuzepijl bij **Lettertype**.

4 Een lijst verschijnt.

5 De naam van elk lettertype is al in de betreffende stijl weergegeven.

6 Klik op **Comic Sans MS**.

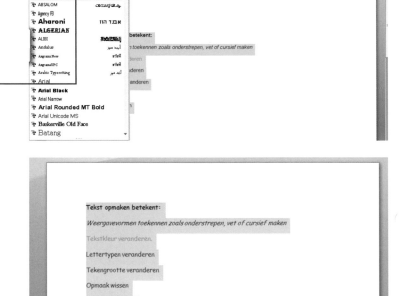

7 Het lettertype is overal veranderd.

Als u met uw muis over de namen in de lijst beweegt, neemt uw tekst telkens het aangewezen lettertype aan. Pas wanneer u klikt, wordt uw keuze ook echt doorgevoerd. Gebruik ook eens de schuifbalk om nog meer lettertypen zichtbaar te maken!

De tekengrootte aanpassen

Ook de grootte van uw tekst kunt u aanpassen. De tekengrootte wordt uitgedrukt in punten.

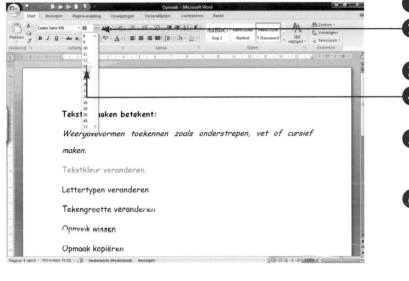

① De tekst is nog geselecteerd.

② Klik op de keuzepijl bij **Tekengrootte**.

③ Een lijst verschijnt.

④ Laat de muis rusten op puntgrootte **14**.

⑤ De selectiekleur verdwijnt even en uw tekst neemt de aangeduide grootte aan.

⑥ Klik op **14**.

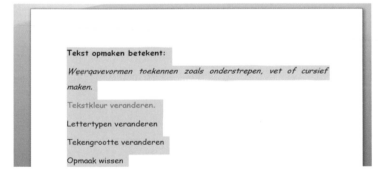

⑦ De selectiekleur is terug.

⑧ Hef de selectie op.

Opmaak wissen

Vindt u uw aangebrachte opmaak toch niet zo geslaagd? Met een klik op de knop **Opmaak wissen** maakt u de opmaak ongedaan. De tekst ziet er dan weer uit als voorheen.

1 Selecteer de tweede zin.

2 Klik op de knop **Opmaak wissen**.

3 De opmaak verdwijnt.

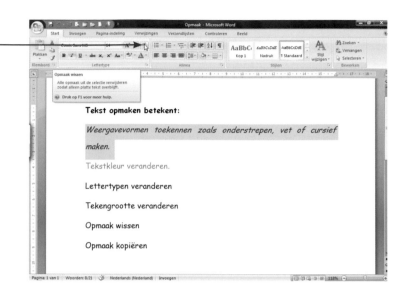

Sluit dit document. Sla de wijzigingen niet op.

TEKST VERPLAATSEN EN KOPIËREN

Overkomt het u ook wel eens dat u niet tevreden bent over de structuur of volgorde binnen uw tekst? Met Word kunt u heel makkelijk woorden of ganse alinea's van plaats verschuiven of naar een andere plek kopiëren.

Tekst verplaatsen

Verplaatsen heet ook knippen en plakken. Deze handeling verloopt in vier fasen:

- U selecteert de tekst.

- U klikt op de knop **Knippen**.

- U zet de muisaanwijzer op de gewenste positie.

- U klikt op de knop **Plakken**.

U kunt ook rechtsklikken en in het snelmenu kiezen voor **Knippen** en **Plakken**. Open voor deze oefening het bestand **Verplaatsen**.

1 Open het bestand: Verplaatsen

2 Selecteer de alinea: **Wandelen in Frankrijk**

3 Klik met de rechtermuisknop op de selectie.

4 Een snelmenu verschijnt.

5 Klik op **Knippen**.

6 De alinea is verdwenen.

7 Klik nu helemaal bovenin uw werkblad.

8 Rechtsklik.

9 Klik in het snelmenu op **Plakken**.

10 De onderste alinea staat nu bovenaan.

Tekst kopiëren

Het is mogelijk om een stuk tekst te herhalen op een
andere plek binnen uw werkblad of zelfs in een ander
document. Deze handeling heet ook kopiëren en plakken. Hij verloopt in vier fasen:

- U selecteert de tekst.

- U kiest voor **Kopiëren**.

- U zet de muisaanwijzer op de gewenste positie.

- U kiest voor **Plakken**.

U kunt opnieuw gebruikmaken van het snelmenu of van
de knoppen in het lint. Oefen zelf wat met het bestand
Kopieer.

AFSLUITING

In dit hoofdstuk hebt u kennis gemaakt met de basishandelingen in het programma Word: typen, corrigeren, opslaan, afdrukken en opmaken. Ook het belang
van selecteren hebt u ontdekt. Werken met een tekstverwerkingsprogramma is een vaardigheid die u alleen
onder de knie krijgt door veel te oefenen.

Veel gestelde vragen

Er staan allemaal rode golflijntjes in mijn tekst!

Tijdens het typen kijkt Word ongemerkt over uw schouder mee. Als u een foutje typt of een woord dat Word niet kent, dan schiet de ingebouwde spellingcontrole in actie. Er verschijnen rode en soms ook groene lijntjes onder bepaalde woorden. Dit zijn markeringen waarmee wordt duidelijk gemaakt dat de woorden fout gespeld of grammaticaal onjuist zijn. Soms gebeurt dat wel eens onterecht.

Hoe u met de spellingcontrole en met die markeringen omgaat, leert u in hoofdstuk 4.

Als ik ergens een woord tussen typ, verdwijnt de achterliggende tekst!

Mogelijk hebt u (per ongeluk) de toets [Insert] aangeraakt is daardoor de functie **Overschrijven** geactiveerd. Nu worden aanwezige tekens gewoon overschreven door uw nieuwe tekens. Kijk in de statusbalk of daar **Overschrijven** staat. Klik erop en het woord verandert in **Invoegen**. Nu kunt u op de normale manier verder typen. Vergeet niet om de gewiste tekens te herstellen!

Ik kan geen accentletter creëren!

Wilt u bijvoorbeeld *á* typen, maar maakt Word er altijd '*a* van? Dan is het toetsenbord ingesteld voor de Engelse taal en deze kent geen diakritische tekens. Klik in de taakbalk op de letters **EN** en klik in het lijstje op **NL**.

HOOFDSTUK 4

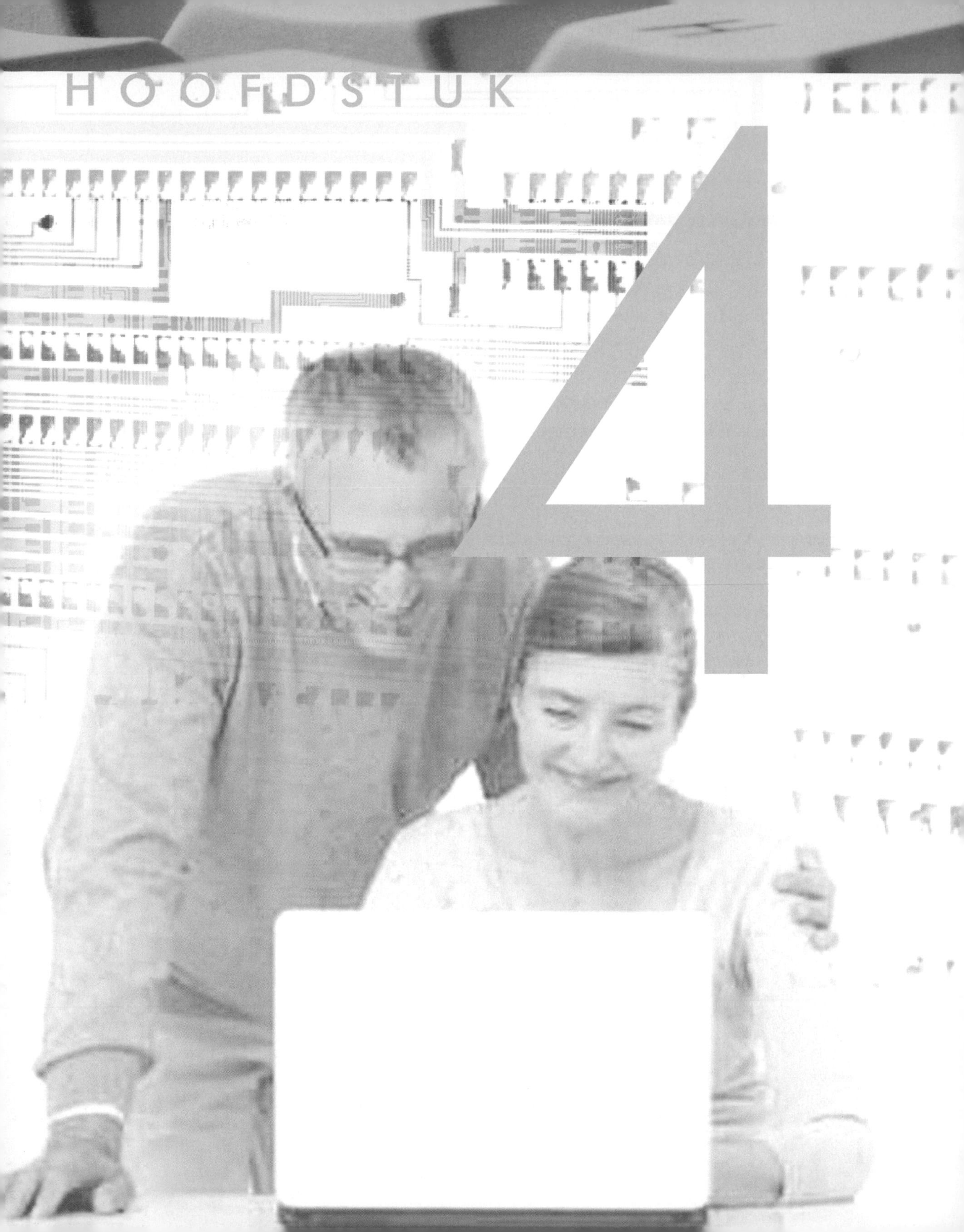

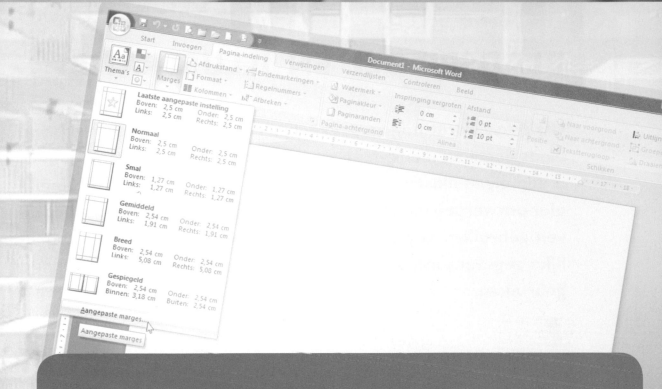

BLADSPIEGEL EN ILLUSTRATIES

- Briefpapier maken

- De bladspiegel instellen

- Een eigen illustratie invoegen

- Spelling- en grammaticacontrole

BLADSPIEGEL EN ILLUSTRATIES

Uw tekst wordt nog aantrekkelijker als u gaat variëren met de bladspiegel, als u er een persoonlijke toets aan geeft, en zeker als u een eigen illustratie invoegt! In dit hoofdstuk gaat u briefpapier ontwerpen dat sterk lijkt op de professionele stijl die bedrijven gebruiken. U gaat uw eigen logo ontwikkelen, uw persoonlijke gegevens intypen en het geheel als persoonlijk briefpapier gebruiken.

DE BLADSPIEGEL BEPALEN

Als u in Word een nieuw document begint, heeft dit al enkele vaste instellingen. Het vel heeft standaard het A4-formaat, de breedte van de marges is ingesteld, en ook het lettertype en de puntgrootte zijn al door Word bepaald. Doorgaans zijn deze instellingen perfect voor normale brieven, verslagen, enzovoort. Toch is het mogelijk om zelf met de **bladspiegel** te variëren voor een persoonlijke toets.

Bladspiegel
Algemeen beeld van hoe uw tekst over het papier verdeeld is.

Marges breder of smaller

In de oefening gaat u de marges ruimer maken zodat u bij een brief met weinig tekst het papier toch aardig gevuld krijgt. Dat gebeurt in het venster **Pagina-instelling**. Hier kunt u nog andere instructies geven met betrekking tot het papierformaat en de indeling van de ganse pagina, maar deze komen in de volgende hoofdstukken aan bod.

1 Start een nieuw document.

2 Klik op de tab **Pagina-indeling**.

3 De inhoud van het lint verandert.

4 Klik op de pijl onder **Marges**.

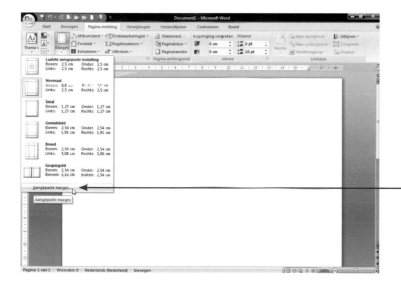

5 Een lijst schuift open.

6 Klik op **Aangepaste marges**.

7 Het venster **Pagina-instelling** opent.

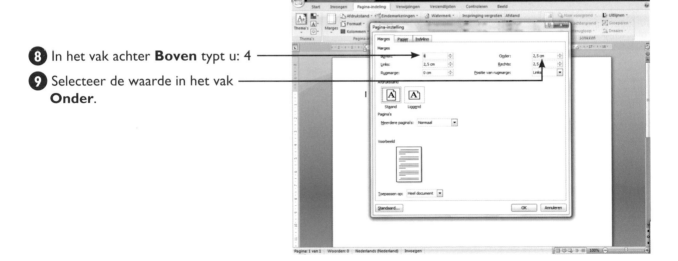

8 In het vak achter **Boven** typt u: 4

9 Selecteer de waarde in het vak **Onder**.

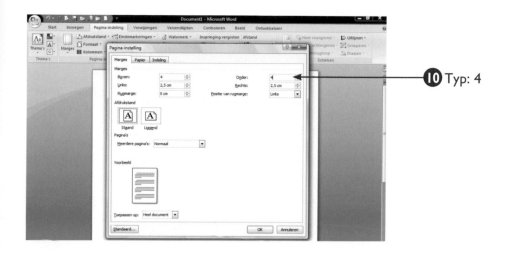

10 Typ: 4

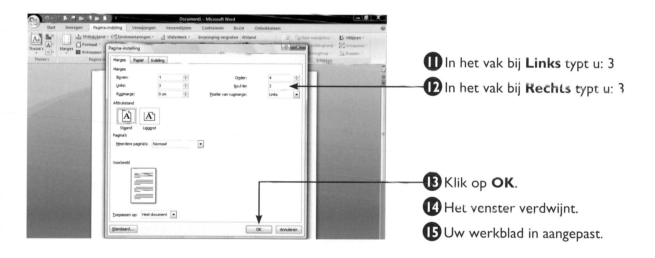

11 In het vak bij **Links** typt u: 3

12 In het vak bij **Rechts** typt u: 3

13 Klik op **OK**.

14 Het venster verdwijnt.

15 Uw werkblad in aangepast.

U hebt nu de marges ingesteld op 4 cm boven- en onderaan, en op 3 cm links en rechts. Wegens de ruimere marges zal er minder ruimte zijn om tekst te typen.
Omgekeerd kunt u op gelijke wijze de marges verkleinen zodat er net meer tekst op het vel past.

Standaard is de regelafstand 1,15 met na elke regel een ruimte van 10 punten.

Afstand tussen de tekstregels

De afstand tussen de zinnen onderling is automatisch door Word bepaald en is ingesteld op ideale leesbaarheid. Deze instelling kunt u echter naar wens veranderen. Voor een briefhoofd bijvoorbeeld is een ruimere regelafstand beter geschikt.

We gaan nu eerst het briefhoofd typen. Hierin staan de naam en het adres van de afzender. Gebruik hier uw eigen gegevens. Tussen de postcode en de plaatsnaam drukt u tweemaal op de spatiebalk.

❶ Typ uw naam.

❷ Druk op [Enter].

❸ Typ de rest van uw adres.

De afstand tussen de regels is groter dan normaal.

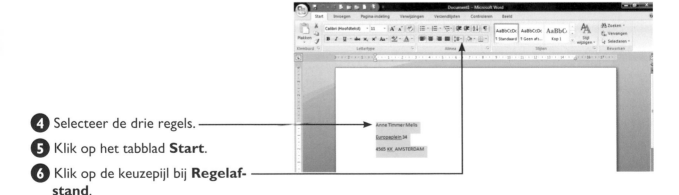

❹ Selecteer de drie regels.

❺ Klik op het tabblad **Start**.

❻ Klik op de keuzepijl bij **Regelafstand**.

7 Klik op **Opties voor regelaf-stand**.

8 Het venster **Alinea** opent.

9 Klik bij **Na** op het pijltje naar beneden.

10 Blijf klikken tot er **0 pt** staat.

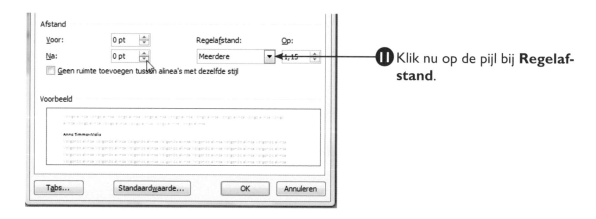

11 Klik nu op de pijl bij **Regelaf-stand**.

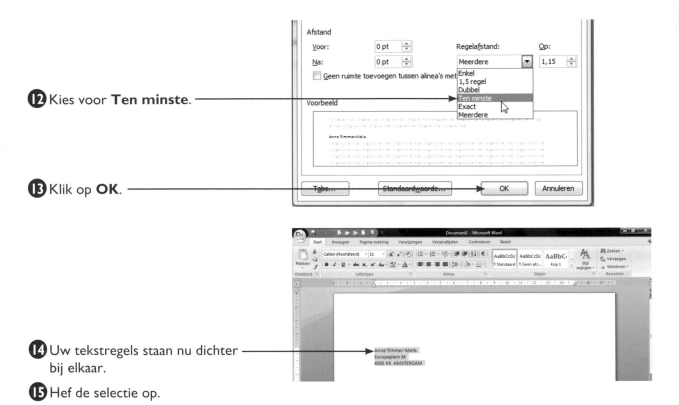

12 Kies voor **Ten minste**.

13 Klik op **OK**.

14 Uw tekstregels staan nu dichter bij elkaar.

15 Hef de selectie op.

Een brief is leesbaarder als de tekstregels dicht bij elkaar staan. Bij een menukaart echter staat het leuker als u de regelafstand behoorlijk groot maakt. De regelafstand kunt u voor het typen instellen, maar ook achteraf. Denk er dan wel aan om alle tekst te selecteren.

LIJNEN INVOEGEN

Door een lijn toe te voegen kunt u stukken tekst scheiden, afbakenen of benadrukken. Lijnen kunt u plaatsen onder, boven of rondom een alinea. In de oefening bakent u het briefhoofd af van de rest van uw brief.

Verborgen tekens en code

Lijnen zitten als het ware vast aan de alineacode. U werkt dus makkelijkst als u de verborgen tekens zichtbaar maakt.

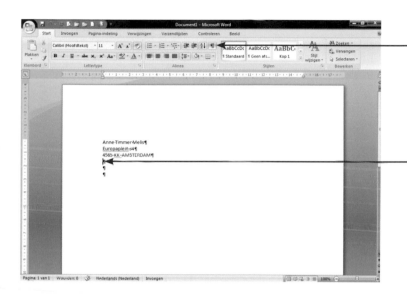

1 Klik op de knop **Alles weergeven**.

2 Alle code wordt zichtbaar.

3 Klik achter het laatste woord.

4 Druk driemaal op [Enter].

5 Klik voor de alineacode onder de postcode.

Een lijn invoegen

U hebt de invoegcursor geplaatst onder de derde regel. Hier gaat u dus de lijn invoegen. Deze lijn kunt u naar wens vormgeven in het dialoogvenster **Randen en arcering**.

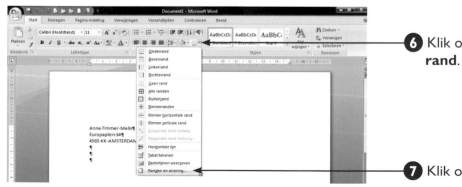

6 Klik op de keuzepijl bij **Onderrand**.

7 Klik op **Randen en arcering**.

8 Het gelijknamige venster opent.

9 Links is **Kader** ingesteld. ─────

10 Sleep met het schuifblokje in het vak **Stijl**.

11 Klik een mooie rand aan. ─────

12 Rechts toont een **Voorbeeld** het resultaat.

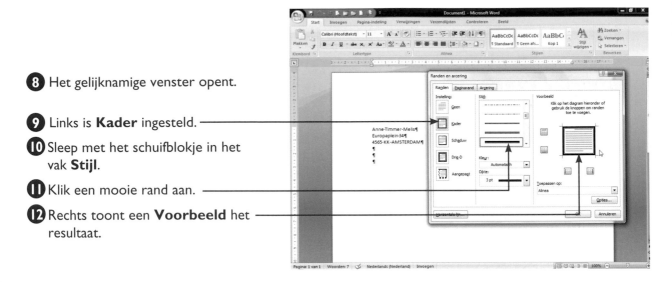

13 Klik op de keuzepijl bij **Kleur**. ─────

14 Kies een kleur.

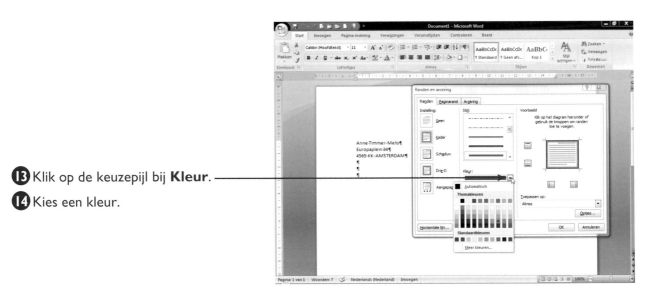

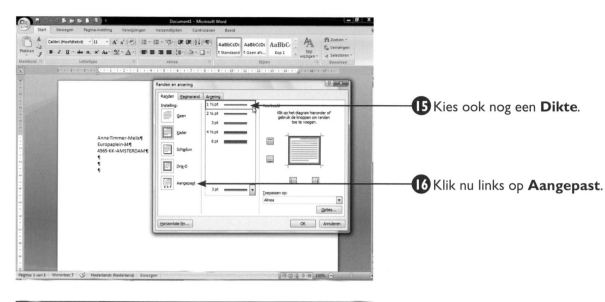

15 Kies ook nog een **Dikte**.

16 Klik nu links op **Aangepast**.

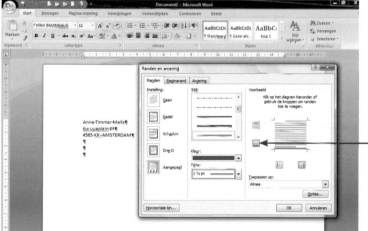

17 Rechts klikt u op de knopjes om lijnen uit te schakelen.

18 Behoud enkel de onderrand. Klik op **OK**.

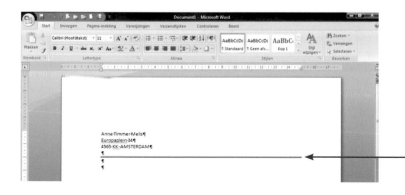

19 Onder de aangeklikte alineacode staat uw lijn.

De lijn kunt u verwijderen door in de groep **Alinea** op de keuzepijl bij **Rand** te klikken en te kiezen voor **Geen rand**.

De knop **Rand** heeft een aan/uit-functie. Activeert u later nog eens deze knop, dan zullen de laatst ingestelde randstijl, -kleur en -dikte opnieuw worden toegepast. Wilt u deze instellingen veranderen, klik dan weer op **Randen en arcering** om het dialoogvenster te openen.

Welke vorm u ook gebruikt, de stappen zijn altijd dezelfde.

EEN ILLUSTRATIE ONTWERPEN

Het staat erg leuk om net als bedrijven een soort persoonlijk logo in uw briefhoofd te zetten. Zo'n kleine illustratie kunt u zelf creëren in Word. Op deze manier wordt uw tekstverwerker een tekenprogramma!

U kunt kiezen uit een aantal vormen op het tabblad **Invoegen** in de groep **Illustraties**. Maar u kunt ook zelf aan de slag gaan en een vorm veranderen, of meerdere vormen combineren tot een gans nieuw ontwerp. Er staan u allerlei geometrische vormen, pijlen, sterren, vaandels, … ter beschikking.

Een vorm tekenen

U gaat eerst een vorm kiezen en deze aanbrengen in uw document. Werk verder in het nog geopende document.

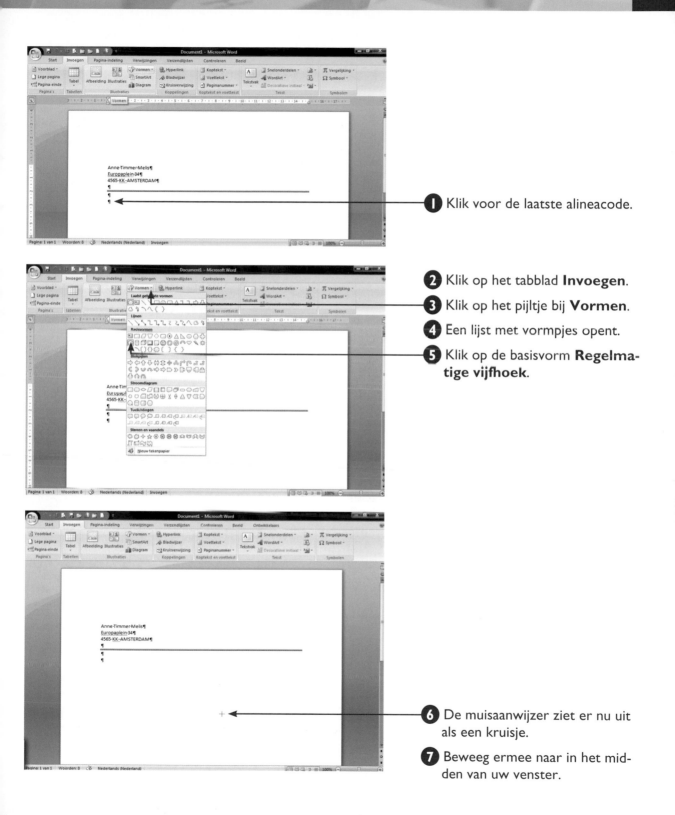

1 Klik voor de laatste alineacode.

2 Klik op het tabblad **Invoegen**.

3 Klik op het pijltje bij **Vormen**.

4 Een lijst met vormpjes opent.

5 Klik op de basisvorm **Regelmatige vijfhoek**.

6 De muisaanwijzer ziet er nu uit als een kruisje.

7 Beweeg ermee naar in het midden van uw venster.

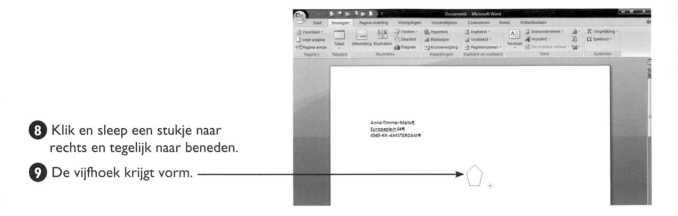

8 Klik en sleep een stukje naar rechts en tegelijk naar beneden.

9 De vijfhoek krijgt vorm. ————————

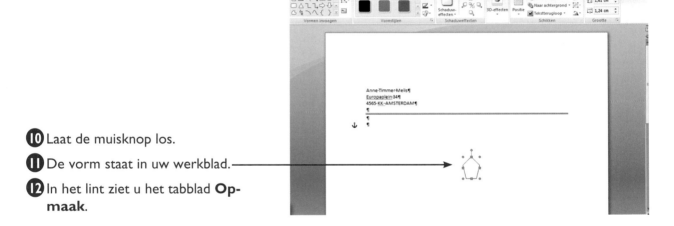

10 Laat de muisknop los.

11 De vorm staat in uw werkblad. ————

12 In het lint ziet u het tabblad **Opmaak**.

Houd eventueel tijdens het slepen [Shift] ingedrukt om de vormverhoudingen te bewaren.

De gekleurde tekentjes rondom uw vorm zijn de formaatgrepen. Ze zijn alleen zichtbaar zolang de vorm geselecteerd is.

De grootte veranderen

De formaatgrepen laten u toe om de vorm te vergroten of te verkleinen, uit te rekken, enzovoort. Sleept u met een hoekgreep, dan worden hoogte en breedte gelijkmatig aangepast. Door met het groene cirkeltje te slepen, draait de vorm.

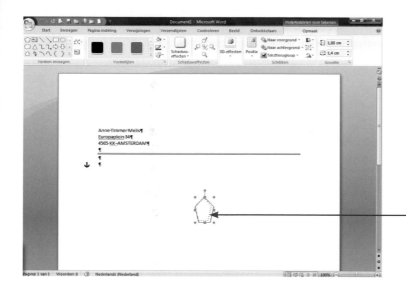

1 Klik op het rondje rechtsonder.

2 Sleep de muisaanwijzer diagonaal naar linksboven.

3 Een stippellijn beweegt mee.

4 Laat de muisknop los.

5 De vorm is nu terug kleiner.

De vorm opmaken

In het lint is automatisch het tabblad **Opmaak** verschenen. Dit bevat alle opties die u nodig hebt om de vorm mooi op te maken. Zorg ervoor dat uw vorm nog geselecteerd is. Nu kunt u naar wens knoppen aanklikken. De vorm past zich steeds automatisch aan.

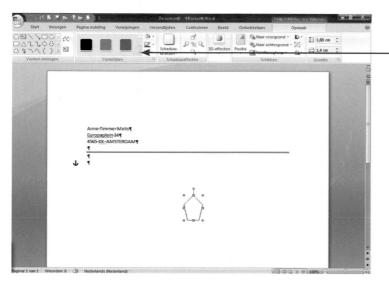

1 Klik op de keuzepijl bij **Vormstijlen**.

2 Een lijst met stijlen opent.

Dat u hier vierkantjes ziet, heeft verder geen invloed.

3 Klik op een stijl. ─────

4 Uw eigen vorm neemt deze stijl aan.

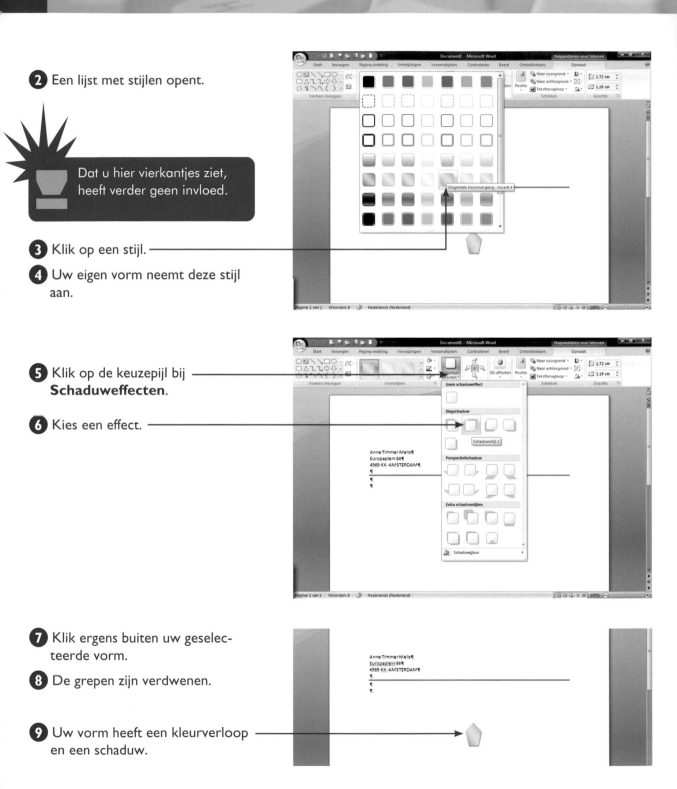

5 Klik op de keuzepijl bij **Schaduweffecten**.

6 Kies een effect. ─────

7 Klik ergens buiten uw geselecteerde vorm.

8 De grepen zijn verdwenen.

9 Uw vorm heeft een kleurverloop en een schaduw.

Uw vorm staat wel nog niet op de juiste plaats in het briefhoofd, maar daar zorgen we zo dadelijk voor. Eerst gaat u uw eenvoudige ontwerp wat verfraaien met twee extra vormpjes.

NOG MEER VORMEN TOEVOEGEN

In de volgende oefening gaat u twee extra vormen invoegen naast de eerste vorm. Daarna gaat u ze schikken ten opzichte van elkaar en ze groeperen tot één illustratie.

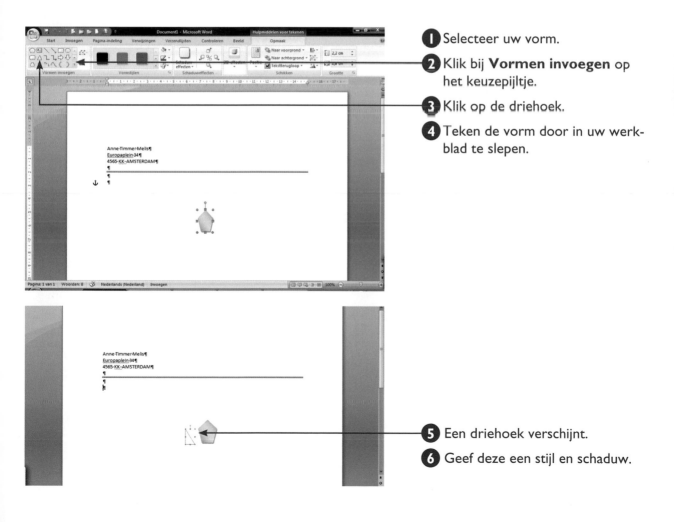

1 Selecteer uw vorm.

2 Klik bij **Vormen invoegen** op het keuzepijltje.

3 Klik op de driehoek.

4 Teken de vorm door in uw werkblad te slepen.

5 Een driehoek verschijnt.

6 Geef deze een stijl en schaduw.

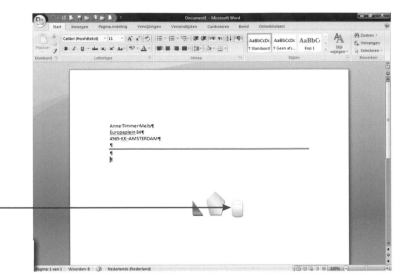

7 Voeg nu nog een cilinder toe. ——

8 Maak deze ook op.

9 Verklein de drie vormen nog een beetje.

Vormen verplaatsen en schikken

De vormen die u hebt ingevoegd staan naast elkaar. Maar u kunt ze ook over elkaar leggen of stapelen. De stapelvolgorde bepaalt u op het tabblad **Opmaak** in de groep **Schikken**.

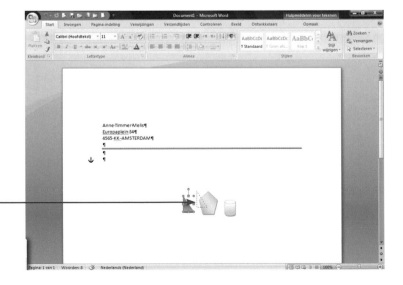

1 Klik op de driehoek.

2 Sleep deze over de vijfhoek. ——

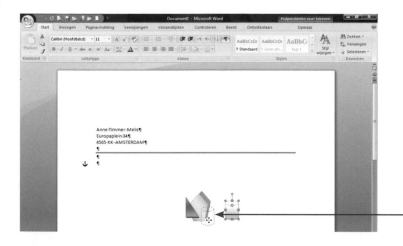

3 Klik nu op de cilinder.

4 Sleep deze ook boven de vijfhoek.

5 De cilinder blijft geselecteerd.

6 Klik op het tabblad **Opmaak**.

7 Klik op **Naar achtergrond**.

8 De cilinder verdwijnt deels achter de vijfhoek.

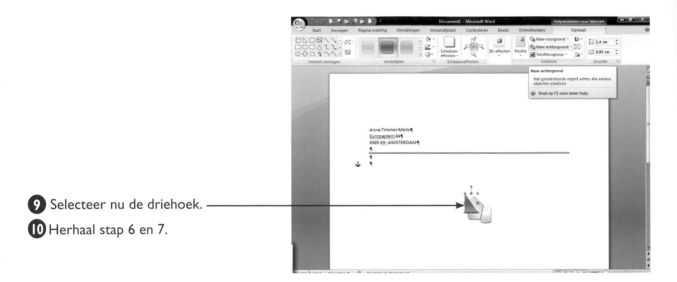

9 Selecteer nu de driehoek. ———

10 Herhaal stap 6 en 7.

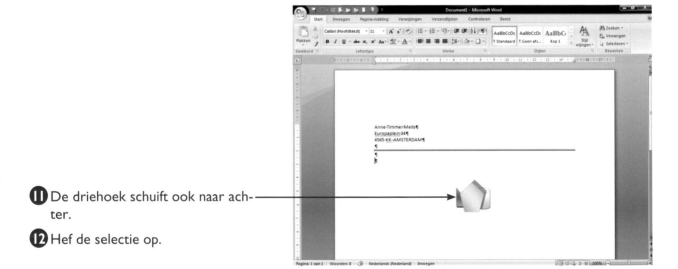

11 De driehoek schuift ook naar ach-ter.

12 Hef de selectie op.

Een groep maken

De drie vormen gaat u nu verenigen door er een groep van te maken. Zo kunt u het geheel makkelijk verplaatsen.

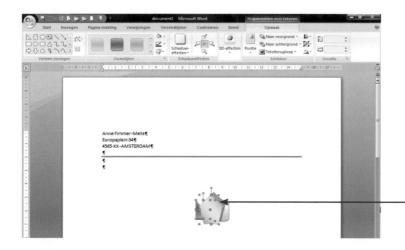

1. Klik op de driehoek.

2. Houd [Shift] ingedrukt.

3. Klik op de vijfhoek.

4. Deze zijn nu tegelijk geselecteerd.

5. Klik op de cilinder.

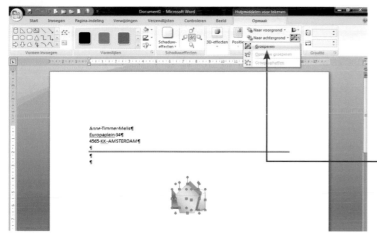

6. Nu zijn alle vormen samen geselecteerd.

7. Elke geselecteerde vorm behoudt zijn formaatgrepen.

8. Klik op het tabblad **Opmaak**.

9. Klik op de knop **Groeperen**.

10. Kies **Groeperen**.

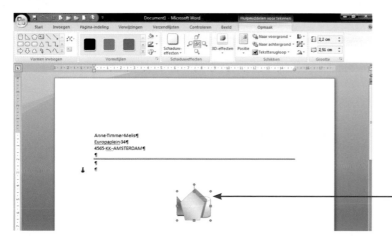

11. De drie figuren vormen nu een geheel.

12. Er staan nog slechts formaatgrepen rond de groep.

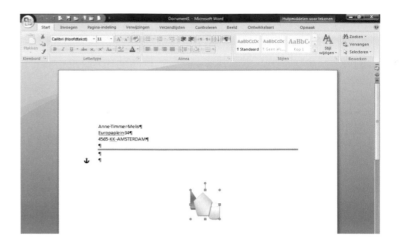

⓭ Hef de selectie op. Uw illustratie is klaar!

Merkt u achteraf dat u toch nog iets wilt veranderen aan één van de aparte vormen, dan moet u de groepering eerst opheffen. Selecteer de groep en klik in het tabblad **Opmaak** op **Groeperen** en dan op **Groep opheffen**. Nu kunt u de betreffende vorm selecteren en verder bewerken.

EEN VORM VERPLAATSEN

De vorm of groep die u hebt gecreëerd, moet nu nog in het briefhoofd terecht komen.

❶ Klik op de vorm.

❷ Sleep de selectie naar rechtsboven.

❸ Stippellijnen tonen waar de vorm zal verschijnen.

❹ Laat de muisknop los.

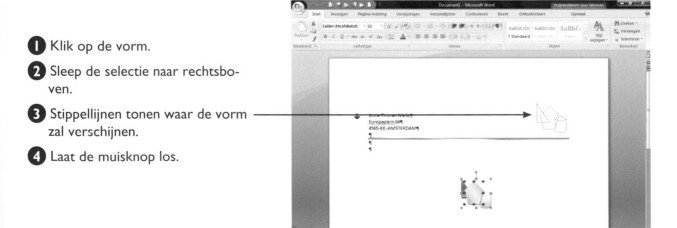

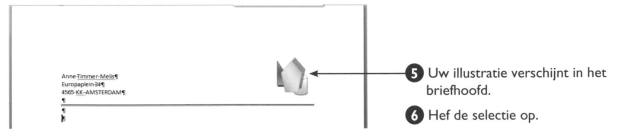

⑤ Uw illustratie verschijnt in het briefhoofd.

⑥ Hef de selectie op.

Sla dit document op met de naam **eigen briefpapier**. Typ nu de brief die u wilde opstellen. Om verder de oefeningen te volgen kunt u ook deze tekst overtypen.

Amsterdam, 15 december 2008

Geachte heer Putjes,

U hebt mij op 12 december 2008 tijdens een verkoopdemonstratie een printer verkocht voor een bedrag van 230 euro. Hierbij laat ik u u weten dat ik afzie van deze overeenkomst. Om zeker te zijn dat deze brief u bereikt, sturen ik deze met ontvangstbevestiging op.

U kunt de door mij betaalde prijs terugstorten op mij gironummer 12345678 en de printer bij mij, op bovengenoemd adres, ophalen.

Ik refereer hierbij naar de colportagewet die stelt dat een overeenkomst binnen acht dagen door de consument ontbonden kan worden..

Hoogachtend,

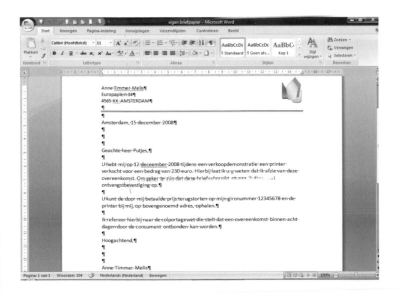

100% foutloos werkt deze spelling- en grammatica-controle niet, maar de meeste fouten worden terecht gesignaleerd.

Hulp bij spelling en grammatica

Tijdens het typen worden woorden soms rood of groen onderstreept. Daar is het Word-onderdeel **Spelling en grammatica** verantwoordelijk voor. Zonder dat u het merkt worden uw getypte woorden vergeleken met een woordenlijst die in Word is ingebouwd. Maakt u een foutje en typt u dus een woord dat niet voorkomt in de taallijst van Word, dan krijgt dit een rode onderstreping. Een grammaticale fout wordt met groen aangeduid. Ook dubbele woorden en verkeerd geplaatste leestekens worden gesignaleerd.

De spelling- en grammaticacontrole kunt u naar wens uitschakelen voordat u begint te typen. Wilt u achteraf toch een controle laten uitvoeren, volg dan deze stappen.

❶ Het document **eigen briefpapier** staat nog op uw scherm.

❷ Klik voor de eerste letter van uw naam.

❸ Ga naar het tabblad **Controleren**.

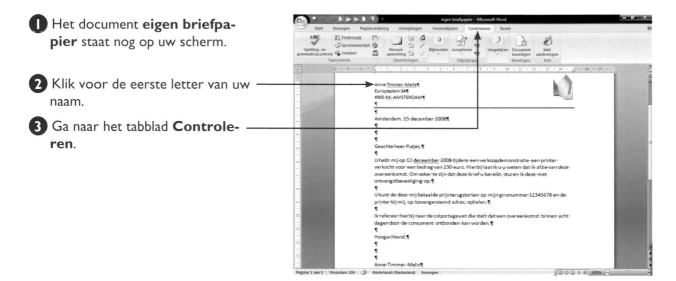

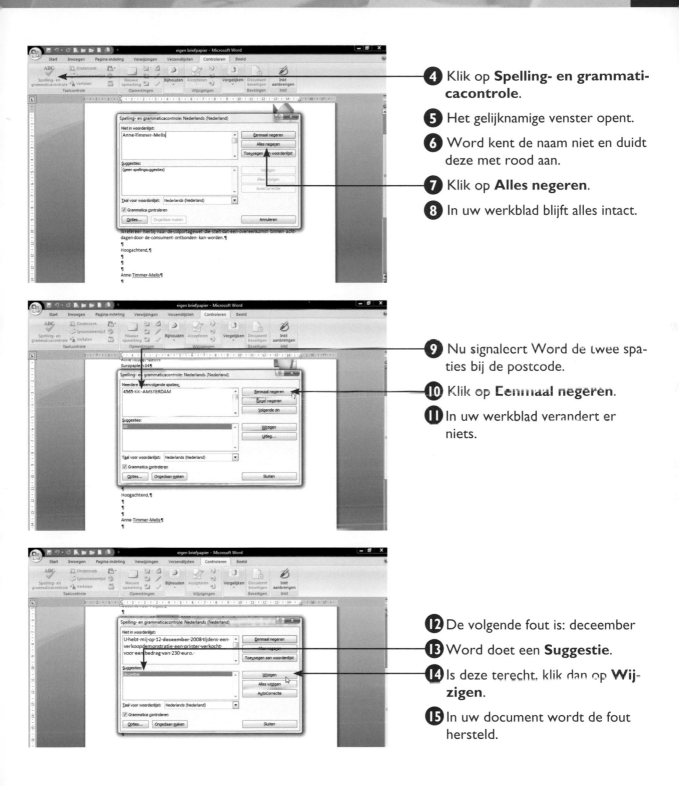

4 Klik op **Spelling- en grammati-cacontrole**.

5 Het gelijknamige venster opent.

6 Word kent de naam niet en duidt deze met rood aan.

7 Klik op **Alles negeren**.

8 In uw werkblad blijft alles intact.

9 Nu signaleert Word de twee spaties bij de postcode.

10 Klik op **Eenmaal negeren**.

11 In uw werkblad verandert er niets.

12 De volgende fout is: deceember

13 Word doet een **Suggestie**.

14 Is deze terecht, klik dan op **Wijzigen**.

15 In uw document wordt de fout hersteld.

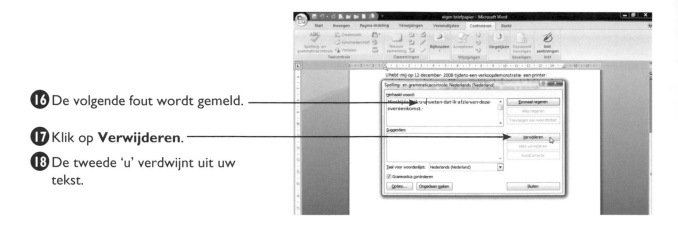

16 De volgende fout wordt gemeld. ———

17 Klik op **Verwijderen**. ———

18 De tweede 'u' verdwijnt uit uw tekst.

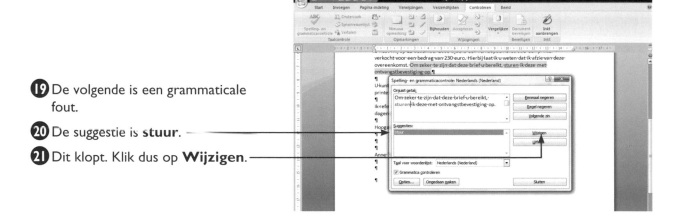

19 De volgende is een grammaticale fout.

20 De suggestie is **stuur**. ———

21 Dit klopt. Klik dus op **Wijzigen**. ———

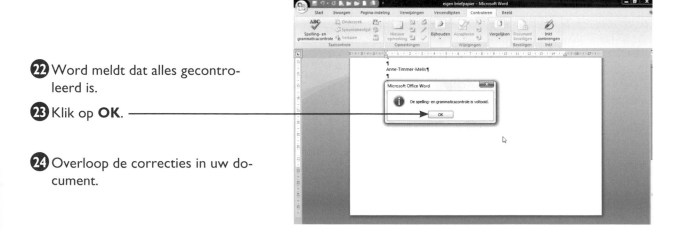

22 Word meldt dat alles gecontroleerd is.

23 Klik op **OK**. ———

24 Overloop de correcties in uw document.

Met de spellingcontrole biedt Word u suggesties aan om fouten te verbeteren. Bent u niet akkoord met zo'n voorstel, dan kunt u de suggestie en dus de correctie negeren. U behoudt dus zelf alle controle.

OPSLAAN ONDER EEN ANDERE NAAM

Het briefpapier dat u net ontworpen hebt, gaat u natuurlijk voor verschillende brieven gebruiken. U start altijd met hetzelfde basis document, maar typt telkens een andere briefinhoud. Iedere brief dient apart bewaard te worden. U moet elk document opslaan met een andere naam. Daartoe kiest u **Opslaan als**. Deze optie vindt u als u op de Office-knop klikt. Natuurlijk kunt u er ook een knopje voor creëren in de snelle werkbalk.

❶ De brief staat nog op uw scherm.

❷ Klik op de **Office-knop**.

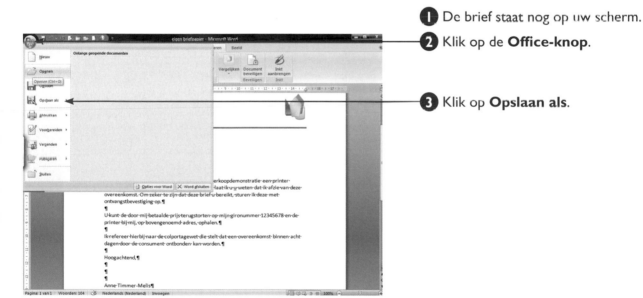

❸ Klik op **Opslaan als**.

4 Rechts verschijnen vijf opties.

5 Klik op **Word-document**.

6 Het venster **Opslaan als** verschijnt.

7 Controleer of de juiste map aangeduid is.

8 Klik in het vak **Bestandsnaam**.

9 Typ: Annulering koop

10 Klik op **Opslaan**.

11 Sluit de brief.

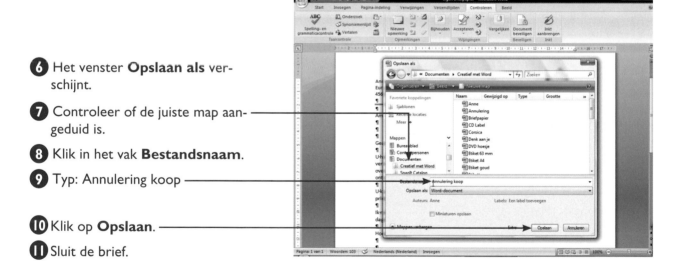

U hebt nu twee documenten. Het eerste document bestaat uit het briefhoofd. U hebt dit bewaard onder de naam **eigen briefpapier**. Daarna hebt u dit document verder aangevuld met tekst en hebt u de volledige versie bewaard onder de naam **Annulering koop**.

Tussentijds opslaan

Misschien hebt u tijdens het typen van de brief ook tussentijds opgeslagen met een klik op de knop **Opslaan**? In dat geval is alle aanwezige tekst ook bewaard samen met het briefhoofd. Dat komt omdat bij het tussentijds opslaan van een document de eerder opgeslagen versie 'overschreven' wordt. Alle bestaande inhoud wordt dan vervangen door de actuele versie.

AFSLUITING

In dit hoofdstuk leerde u de marges van het papier in te stellen en de ruimte tussen de tekstregels te vergroten of te verkleinen. Ook de spellingcontrole hebt u gebruikt. Voor het maken van een illustratie hebt u met verschillende vormen gewerkt. Het voorbeeldontwerp was misschien wat simpel, maar nu u de handelingen onder de knie hebt, kunt u zelf gaan oefenen met allerlei andere vormen.

Veel gestelde vragen

Ik krijg geen groene streepjes onder de tekst. Hoe komt dat?

De optie **Grammatica controleren** is niet aangevinkt. Klik op de **Office-knop**, klik rechtsonder op **Opties voor Word** en klik op **Controleren**. In de categorie **Tijdens spelling- en grammaticacontrole in Word** vinkt u alle keuzevakjes aan. Bevestig met **OK**.

Het kan natuurlijk ook zijn dat u geen grammaticale fouten gemaakt hebt.

Bij mijn ingevoegde vorm verschijnen er gele vakjes.

Sommige soorten vormen laten nog meer vervormingen en opties toe. Bij een pijl bijvoorbeeld kunt u de punt groter of kleiner maken. Vandaar de gele ruitjes bij de pijlpunt. U gebruikt ze net zoals de formaatgrepen.

Hoe typ ik het euroteken?

Bij sommige toetsenborden staat het euroteken als derde teken op een toets. Om € te typen moet u dan eerst de toetsen [Ctrl] en [Alt] samen ingedrukt houden terwijl u op de eurotoets drukt. In plaats van de sneltoets [Ctrl]+[Alt] kunt u ook gewoon [Alt Gr] indrukken.

5

happy birthday

EEN CREATIEVE WENSKAART MAKEN

- Creatief met WordArt
- Papierformaat instellen
- Kleuren en arcering toepassen
- Een illustratie invoegen en bewerken

EEN CREATIEVE WENSKAART MAKEN

U kunt nu al typen, opmaken, vormen creëren, enzovoort… maar nu pas komen de mooiste en leukste gereedschappen van Word aan bod! In een originele wenskaart kunt u namelijk heel veel creativiteit leggen en uw tekstverwerker biedt een schat aan mogelijkheden om dat te verwezenlijken. In dit hoofdstuk gaat u zelf een wenskaart maken en afdrukken.

UW EIGEN WENSKAART

In dit hoofdstuk gaat u een wenskaart ontwerpen met leuke tekst, kleuren en illustraties. De kaart bestaat uit een bedrukte voorkant en een bedrukking binnenin. Het komt erop aan de twee kantjes van een vel op de juiste plek te bedrukken en daarna het papier zo te vouwen dat er een kaartje ontstaat dat u kunt openklappen.

Veel papierproducenten brengen speciaal papier op de markt voor het creëren van wenskaarten. Zulk papier is meestal zwaarder en van betere kwaliteit dan standaard A4-papier. Hier gaan we aan de slag met het papier 'Maxi Wenskaarten' van Easy Computing, maar u kunt ook op gewoon papier afdrukken en de kaart zelf op het gewenste formaat bijsnijden.

Papiersoort en formaat

Voordat u begint te experimenteren met lettertypen en opmaak, is het goed om eerst een paar instellingen te maken. Zo moet u onder meer aangeven welk papier u gebruikt en binnen welk kader u de tekst en de afbeeldingen gaat plaatsen.

Elk nieuw document dat u start, heeft altijd weer het A4-formaat.

Marges instellen

Het wenskaartenpapier van Easy Computing heeft het formaat A4. Wij gaan de marges aanpassen.

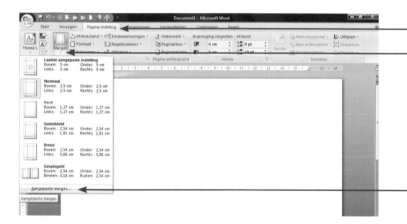

1 Een nieuw document is geopend.

2 Klik op de tab **Pagina-indeling**.

3 Klik op de keuzepijl bij **Marges**.

4 Een lijst opent.

5 Klik op **Aangepaste marges**.

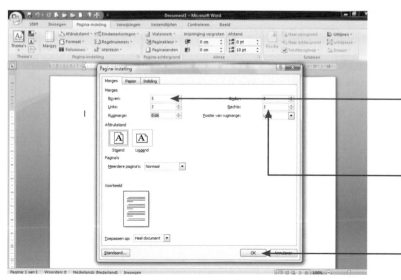

6 Het venster **Pagina-instelling** opent.

7 Typ in het vak **Boven**: 5

8 In het vak **Onder** typt u: 3

9 Typ in het vak **Links**: 3

10 Typ in het vak **Rechts**: 3

11 Klik op **OK**.

De marges van uw werkblad zijn nu bovenaan, onderaan en aan de zijkanten ingesteld.

Exact positioneren met rasterlijnen

Om straks een goed beeld te krijgen van waar de tekst op de kaart komt, maakt u best gebruik van rasterlijnen. Deze rasterlijnen kunt u gewoon in- of uitschakelen. Ze zijn enkel zichtbaar op het scherm; niet op uw afdruk zelf.

① Klik op het tabblad **Beeld**.

② Klik in het vakje **Rasterlijnen**.

③ Daar staat nu een vinkje.

④ In uw blad staat een raster.

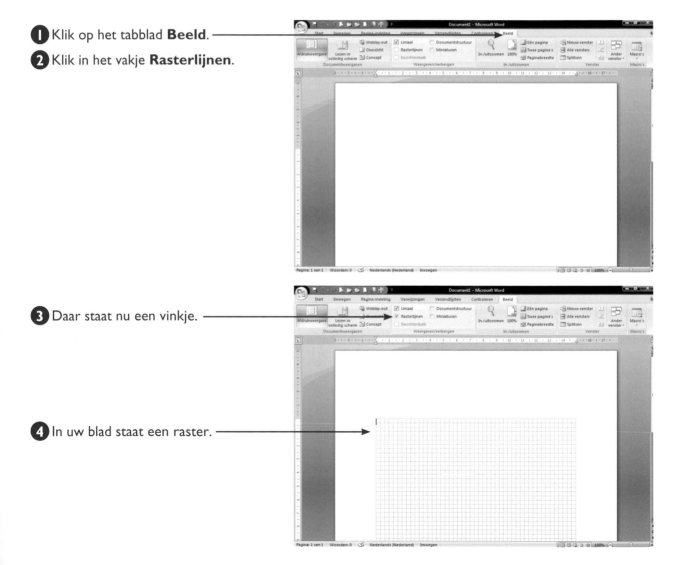

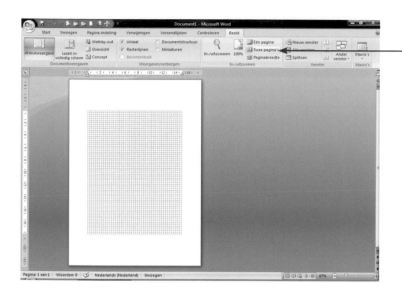

5 Klik op **Twee pagina's**.

6 U hebt nu een goed zicht op het ganse vel.

Dit wordt het werkoppervlak van uw kaart. De pagina gaat u later dubbelvouwen.

Een tweede pagina

Uw kaart zal worden dubbelgevouwen. Dit betekent dat u ook nog een blad moet creëren voor de binnenkant van uw kaart. Een tweede pagina wordt automatisch gemaakt wanneer u de eerste vol hebt getypt. Maar u kunt ook sneller een lege pagina invoegen.

De rasterlijnen en andere beeldinstellingen blijven ook in uw volgende documenten zichtbaar totdat u deze instellingen weer uitvinkt.

1 Klik op het tabblad **Invoegen**.

2 Klik op **Lege pagina**.

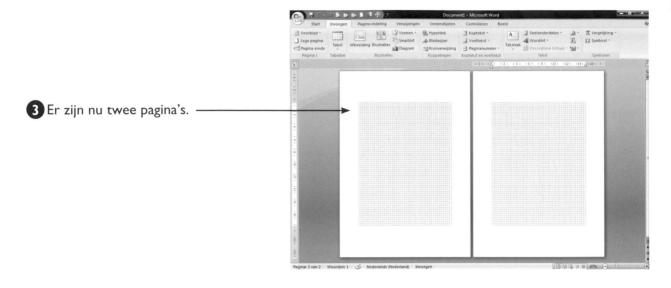

3 Er zijn nu twee pagina's.

Alineacodes plaatsen

Op de twee pagina's kunt u nu allerlei zaken toevoegen: tekstvakken, speciale letters, illustraties, enzovoort. Veel zogenaamde 'objecten' hangen als het ware vast aan de alineacode. Om ervoor te zorgen dat alles op de juiste plaats blijft staan kunt u dan ook het beste beide pagina's vullen met alineacodes. Dat doet u met de [Enter]-toets.

1 Klik op het tabblad **Start**.

2 Klik op **Alles weergeven**.

3 Druk meerdere keren op [Enter].

4 U ziet op elke regel een alineacode.

5 Ga door totdat de code **Pagina-einde** onderaan staat.

6 Doe hetzelfde op pagina 2.

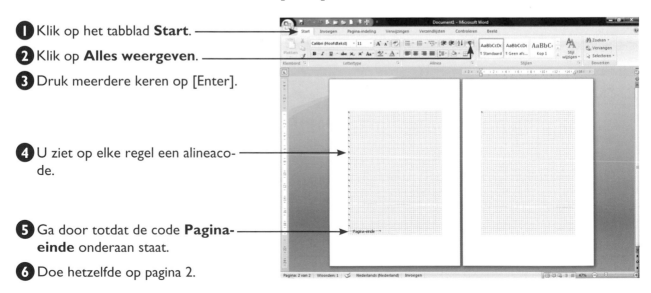

De basis is nu gelegd voor het maken van een wenskaart. Nu kan het creatieve proces beginnen!

CREATIEVE LETTERS

Op de voorkant willen we letters met een speciaal effect. Word biedt hiervoor de optie **WordArt**, een makkelijke manier om snel veel indruk te maken!

U gaat eerst een leuke tekststijl kiezen en typt dan zelf de woorden die u in deze stijl wilt zien verschijnen. Daarna gaat u nog het lettertype aanpassen.

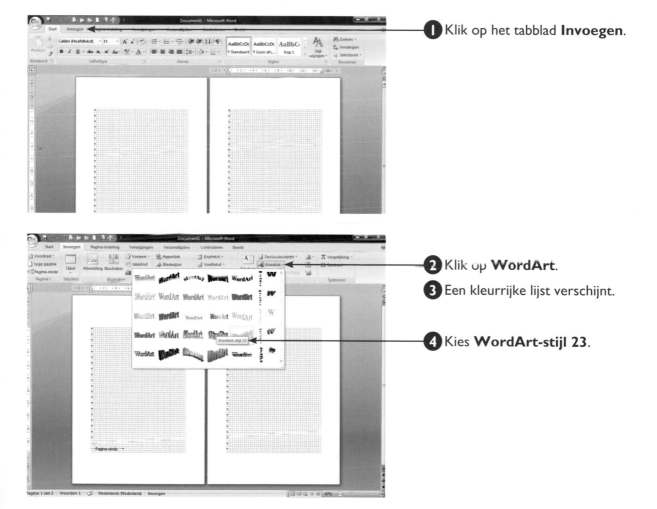

1 Klik op het tabblad **Invoegen**.

2 Klik op **WordArt**.

3 Een kleurrijke lijst verschijnt.

4 Kies **WordArt-stijl 23**.

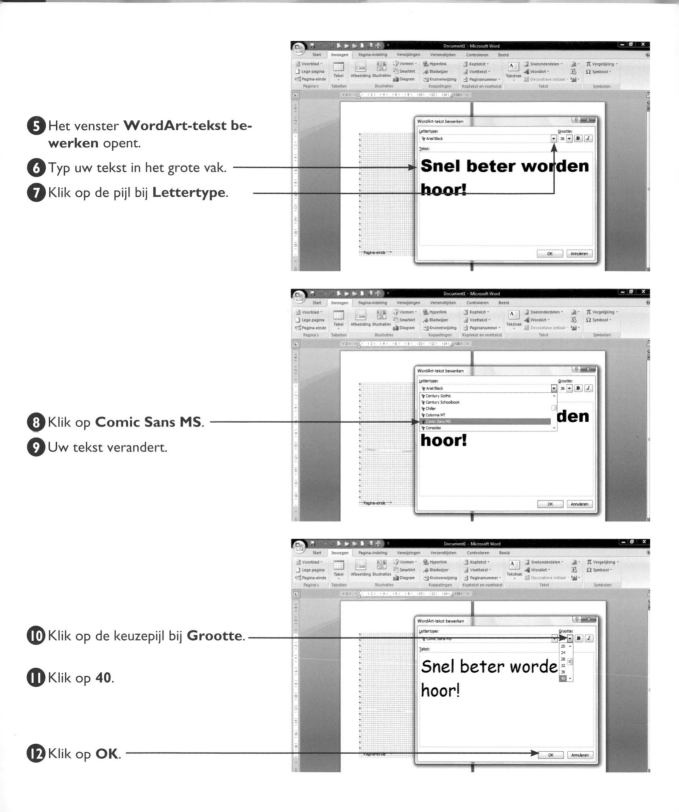

5 Het venster **WordArt-tekst be-werken** opent.

6 Typ uw tekst in het grote vak.

7 Klik op de pijl bij **Lettertype**.

8 Klik op **Comic Sans MS**.

9 Uw tekst verandert.

10 Klik op de keuzepijl bij **Grootte**.

11 Klik op **40**.

12 Klik op **OK**.

Uw WordArt-tekst staat nu als object in het bewerkingsvenster. Het object heeft formaatgrepen om het eventueel groter of kleiner te maken. Ook is er een nieuw tabblad verschenen met de naam **Opmaak**.

Object verankeren

Een object hangt vast aan een specifieke alineacode, maar neemt zelf ook een eigen ruimte in beslag. Achterliggende alineacodes schuiven daardoor op. Mogelijk is er dan automatisch een derde pagina bij uw project toegevoegd. Dit wilt u natuurlijk niet. Als oplossing gaat u de tekst laten teruglopen en het object verankeren.

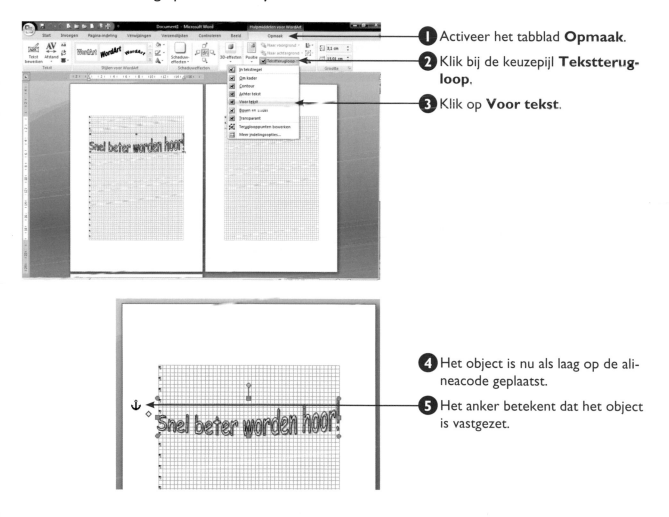

1 Activeer het tabblad **Opmaak**.

2 Klik bij de keuzepijl **Tekstterugloop**.

3 Klik op **Voor tekst**.

4 Het object is nu als laag op de alineacode geplaatst.

5 Het anker betekent dat het object is vastgezet.

Verplaatsen en draaien

De formaatgrepen zijn nu wat groter en u ziet een groen rondje (om te draaien) en een geel vierkantje (om de vorm te wijzigen).

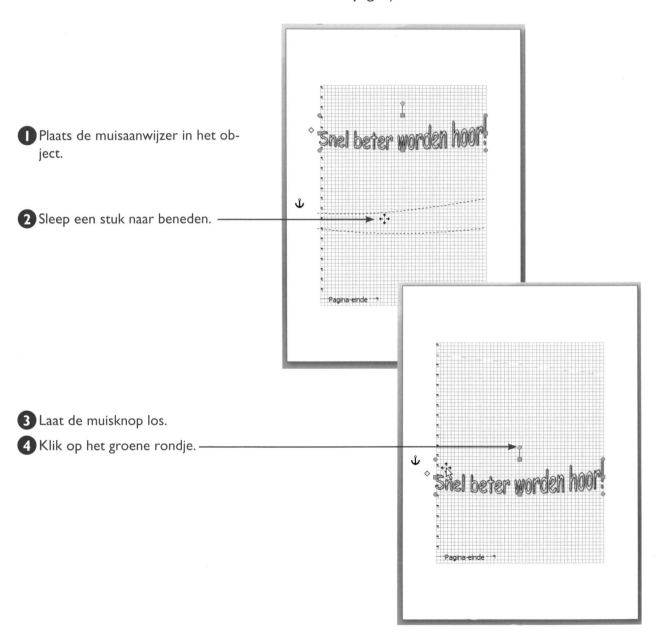

1 Plaats de muisaanwijzer in het object.

2 Sleep een stuk naar beneden.

3 Laat de muisknop los.

4 Klik op het groene rondje.

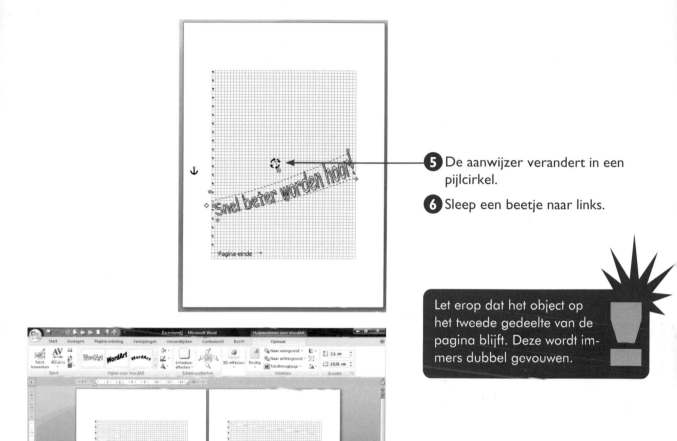

5 De aanwijzer verandert in een pijlcirkel.

6 Sleep een beetje naar links.

Let erop dat het object op het tweede gedeelte van de pagina blijft. Deze wordt immers dubbel gevouwen.

7 Het object draait mee.

WordArt verder opmaken

Het tabblad **Opmaak** van WordArt biedt u haast oneindig veel mogelijkheden. Bij de groep **Stijlen voor WordArt** kunt u uw tekst of de contouren anders inkleuren, maar u kunt ook een 3D-effect aanbrengen of alsnog voor een andere stijl kiezen.

Selecteer uw WordArt-object en probeer de knoppen uit. Bevalt het resultaat u niet, dan klikt u gewoon op **Ongedaan maken**.

EEN ILLUSTRATIE INVOEGEN

Een echte wenskaart heeft natuurlijk ook een afbeelding. Standaard zitten er in Word heel wat illustraties ingebouwd. Omdat de beeldencollectie zo groot is, kunt u hem doorzoeken met behulp van gerichte zoekacties. Hier zoeken we naar een fleurige lente-illustratie.

❶ Klik ergens boven uw WordArt-tekst.

❷ Ga naar het tabblad **Invoegen**.

❸ Klik op **Illustraties**. ─────────

❹ Rechts verschijnt een extra balk. ──

❺ Typ bij **Zoeken naar**: lente

❻ Klik op **Starten**. ─────────────

❼ In het grote vak verschijnen plaatjes.

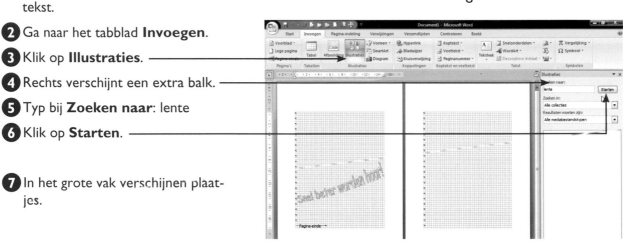

❽ Klik op het pijltje naast de gewenste illustratie.

❾ Klik in het menu op **Invoegen**.──

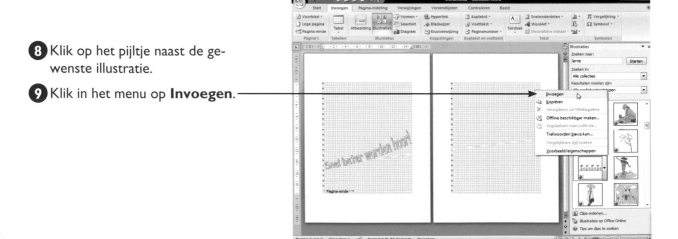

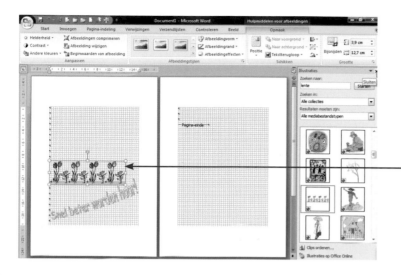

10 De illustratie verschijnt op de plaats van de muisaanwijzer.

11 Sluit het taakvenster **Illustraties**.

De ingevoegde illustratie heeft eveneens formaatgrepen waarmee u hem kunt verplaatsen, draaien en schalen. Maak de illustratie nu wat groter zodat hij gans de breedte van het raster inneemt.

Sleep met een hoek greep om de verhoudingen binnen het object te behouden.

De illustratie bewerken

De meeste Word-illustraties zijn vectorafbeeldingen. Hoewel u daar niet veel van merkt, bestaan deze afbeeldingen uit diverse lagen. Elk van die lagen kan apart geselecteerd en bewerkt of verwijderd worden. Zo past u de illustratie naar uw eigen smaak aan.

1 De illustratie is nog geselecteerd.

2 Klik erop met de rechter muisknop.

3 Een snelmenu opent.

4 Klik op **Afbeelding bewerken**.

5 De rasterlijnen verdwijnen.

6 Rond de illustratie verschijnt een speciale selectie.

7 Klik ergens op de strook gras.

8 Dit groene balkje is nu geselecteerd.

9 Druk op de toets [Delete].

10 Het gras is weg.

11 Klik op een paars tulpje.

12 De bloem wordt geselecteerd.

13 Ga naar het tabblad **Opmaak**.

14 Klik op de keuzepijl bij **Opvullen van vorm**.

15 Kies voor geel.

16 De tulp is nu geel.

17 Hef de selectie op.

18 De rasterlijnen zijn terug.

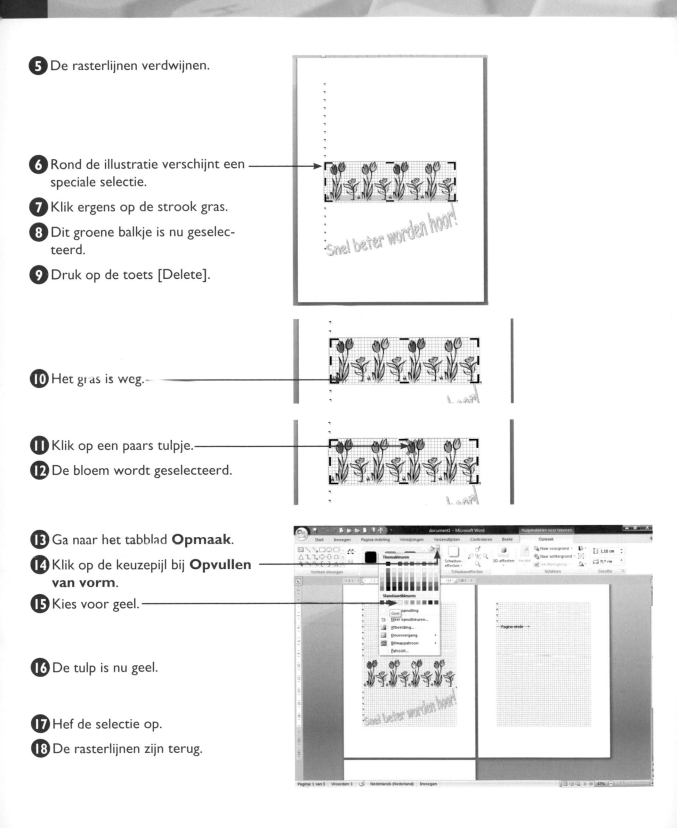

Afhankelijk voor de gekozen illustratie kunt u allerlei details naar uw hand zetten. Wilt u op meerdere elementen dezelfde verandering aanbrengen, dan wint u tijd door ze tegelijk te selecteren. Klik daartoe op het eerste element, houd [Shift] ingedrukt en klik dan alle andere aan. Nu hoeft u de bewerking maar één keer uit te voeren voor alle onderdeeltjes.

Voor het bewerken van de illustratie moet de **Tekstterugloop** altijd ingesteld zijn op **In tekstregel**.

De illustratie verplaatsen

De illustratie willen we nu graag verplaatsen en onder de WordArt-tekst zetten.

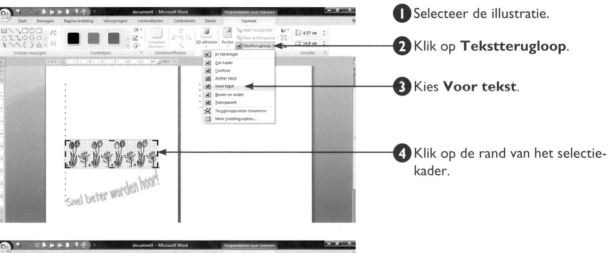

1 Selecteer de illustratie.

2 Klik op **Tekstterugloop**.

3 Kies **Voor tekst**.

4 Klik op de rand van het selectiekader.

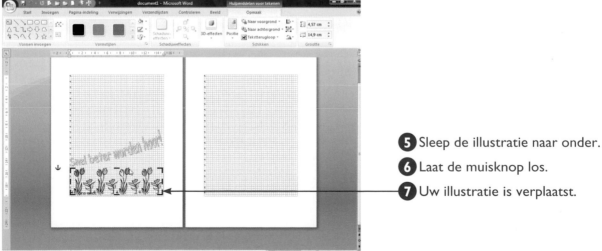

5 Sleep de illustratie naar onder.

6 Laat de muisknop los.

7 Uw illustratie is verplaatst.

De eerste pagina is klaar! Nu gaat u de tweede pagina onder handen nemen. Dit wordt de binnenkant van uw wenskaart.

TEKSTVAK INVOEGEN

Uw persoonlijke wens of groet gaat u niet lukraak ergens typen. Daarvoor creëert u beter een tekstvak. Zo kunt u het vak op een willekeurige positie op de pagina plaatsen en hebt u meer opmaakmogelijkheden ter beschikking. De inhoud van het tekstvak blijft gescheiden van de rest van de kaart.

Word biedt een aantal opgemaakte tekstvakken die u zelf kunt aanpassen. Maar u kunt ook helemaal van nul beginnen en experimenteren met lettertypen, kleur, achtergrond, enzovoort.

❶ Klik aan het begin van de tweede pagina.

❷ Ga naar het tabblad **Invoegen**

❸ Klik op de keuzepijl bij **Tekstvak**.

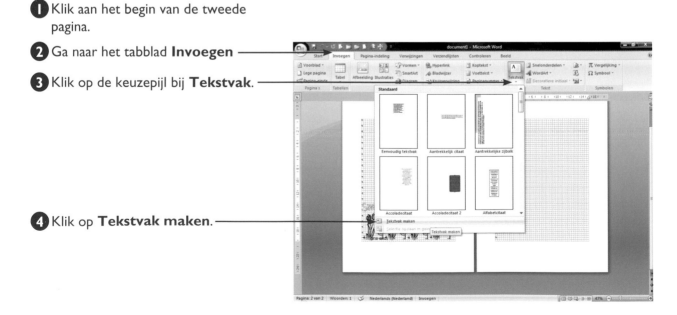

❹ Klik op **Tekstvak maken**.

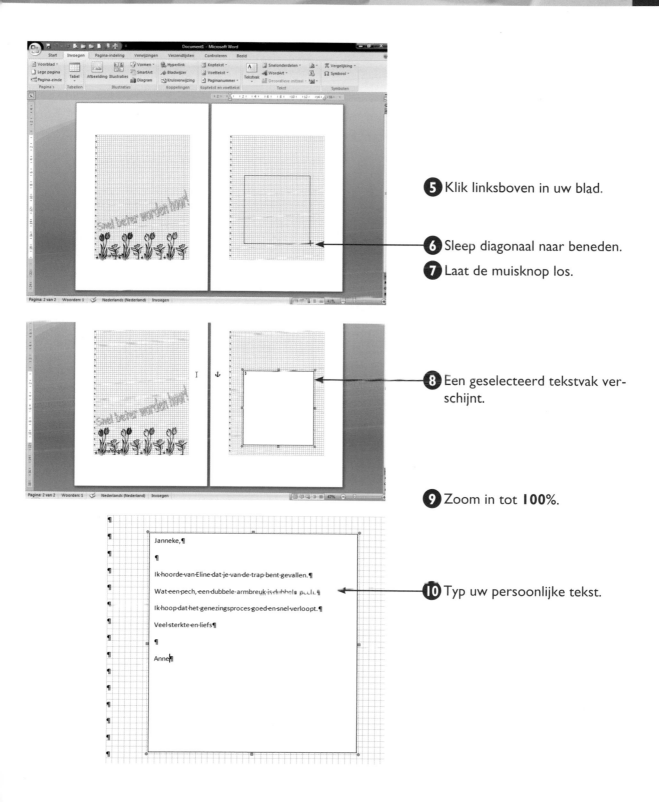

5 Klik linksboven in uw blad.

6 Sleep diagonaal naar beneden.

7 Laat de muisknop los.

8 Een geselecteerd tekstvak verschijnt.

9 Zoom in tot **100%**.

10 Typ uw persoonlijke tekst.

Het tekstvak opmaken

In plaats van alle tekstregels te selecteren kunt u ook gewoon gans het vak selecteren. Nu kunt u in een keer het lettertype, de tekengrootte en de opvulling van het vak instellen.

① Klik op een rand van het tekstvak.

② De selectierand ziet er nu wat anders uit.

③ Kies voor het **Lettertype** Comic Sans MS.

④ Kies als **Tekengrootte**: 12

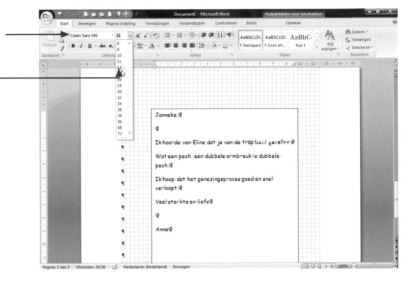

⑤ Ga naar het tabblad **Opmaak**.

⑥ Klik op de pijltje bij **Stijlen voor tekstvakken**.

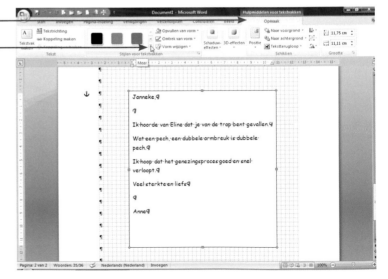

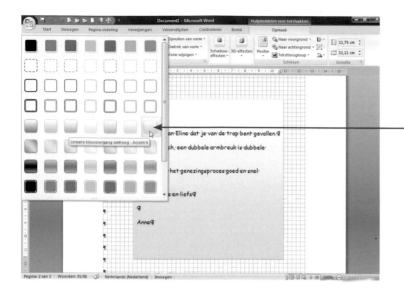

7 Maak een keuze.

8 Het tekstvak krijgt direct een achtergrond.

Zodra u in het tekstvak klikt, verschijnen er formaatgrepen om het kader te schalen. U kunt nu ook nog wijzigingen typen in uw tekst zelf. Door op de rand te klikken kunt u gans het vak verplaatsen.

De selectie heft u op door ergens buiten het tekstvak te klikken.

Tekstregels uitlijnen

Alle tekstregels die u typt, beginnen automatisch tegen de linkermarge. Ze vormen daar dus een rechte lijn. Dit noemt men links uitlijnen. Standaard is elk nieuw Word-document zo ingesteld.

Aanpassingen zijn natuurlijk mogelijk. Zo kunt u uw tekst ook rechts uitlijnen, **uitvullen** of centreren. Deze laatste optie is ideaal voor wenskaarten.

Uitvullen
Tekstregels zo vormgeven dat ze links én rechts een rechte margelijn vormen.

1 Het tekstvak is nog geselecteerd.

2 Ga naar het tabblad **Start**.

3 Klik op de knop **Centreren**. ——

4 De tekst staat nu aan weerszijden
van een denkbeeldige middenlijn.

5 Klik buiten het tekstvak.

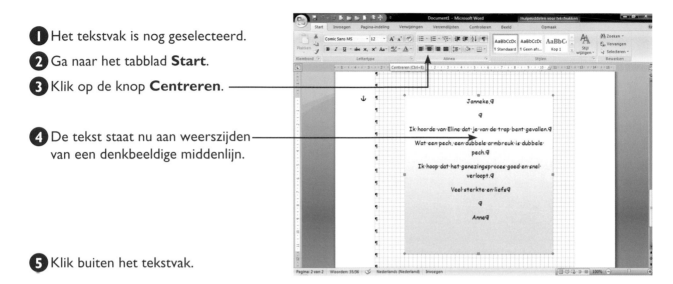

Om nu weer een beter beeld van de gehele kaart te krijgen, gaat u uitzoomen. Klik daartoe in het tabblad **Beeld** op de knop **Twee pagina's**.

UW WENSKAART AFDRUKKEN

De kaart is klaar en u kunt gaan afdrukken. Dat gebeurt in twee fasen. U hebt immers twee pagina's gemaakt: één voor de voorkant van het papier en één voor de achterzijde.

De eerste pagina printen levert doorgaans geen probleem op. Dit vel moet u vervolgens omdraaien en nogmaals bedrukken. Let goed op dat de **invoegrichting** van het papier klopt! Kijk daarvoor naar het symbooltje op de papierlader van uw printer.

Invoegrichting
Manier waarop een vel papier door de printer schuift.

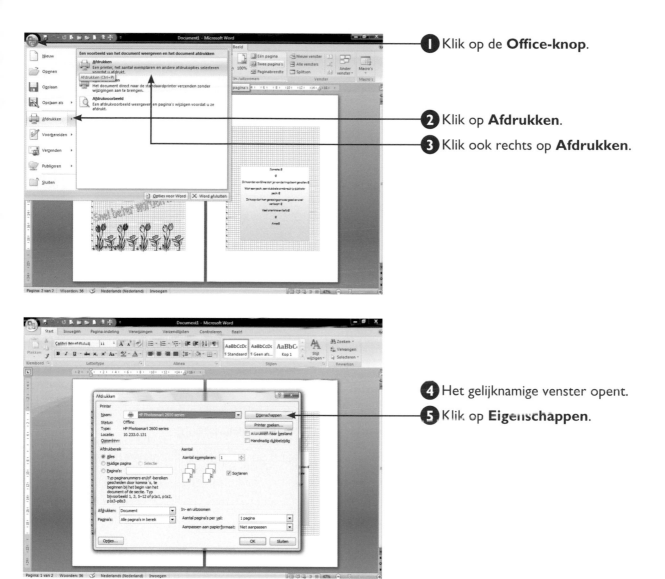

1 Klik op de **Office-knop**.

2 Klik op **Afdrukken**.

3 Klik ook rechts op **Afdrukken**.

4 Het gelijknamige venster opent.

5 Klik op **Eigenschappen**.

Afhankelijk van uw type printer kunt u nu een aantal instellingen maken. Kies alleszins voor de beste **Afdruk-
kwaliteit**. Bevestig met **OK**. U belandt dan weer in het
venster **Afdrukken**.

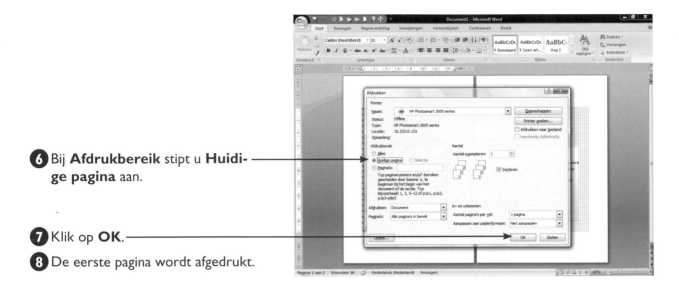

6 Bij **Afdrukbereik** stipt u **Huidige pagina** aan.

7 Klik op **OK**.

8 De eerste pagina wordt afgedrukt.

Wacht even totdat de inkt droog is en leg het papier opnieuw in de printer om de achterkant af te drukken. Herhaal de stappen maar markeer bij **Afdrukbereik** de optie **Pagina's**. Typ **2** in dit vak en bevestig met **OK**. Het vel rolt een tweede keer uit de printer en uw wenskaart is gereed voor verzending.

Sla uw document op onder de naam **wenskaart**.

Kant-en-klare kaarten

Het maken van kaartjes is een leuke maar tijdrovende bezigheid. Voor een snel resultaat kunt u kiezen uit diverse voorbeelden op de cd bij dit boek. Alle kaarten zijn voorzien van tekstvakken, WordArt-objecten, enzovoort. Pas ze aan uw eigen smaak aan en u hebt in geen tijd een wenskaart klaar!

Oefenbestand **Verjaardag**

Oefenbestand **Baby**

Oefenbestand **Uitnodiging**

Oefenbestand **Jubileum** ——→

Oefenbestand **Sorry** ——→

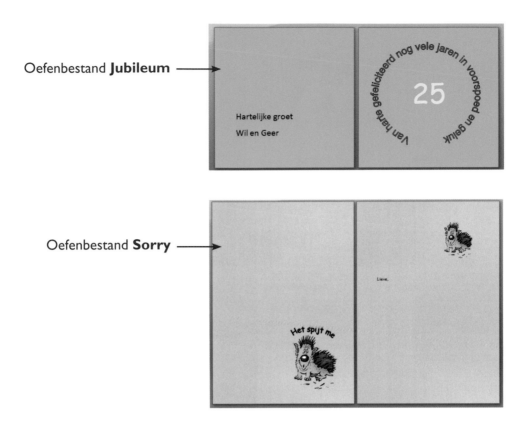

Afsluiting

In dit hoofdstuk hebt u een wenskaart ontworpen en deze voorzien van allerlei objecten zoals illustraties, tekstvakken, enzovoort. Deze leerde u opmaken, schalen en verplaatsen. Natuurlijk kunt u de beschreven basishandelingen ook toepassen in andere creatieve of professionele Word-projecten.

Veel gestelde vragen

Ik wil op A5 afdrukken. Hoe moet dat?

Open een nieuw document en ga naar het tabblad **Pagina-indeling**. Klik op **Formaat** en kies in de lijst **A5**. Uw werkblad krijgt meteen de gekozen afmetingen.

Vindt u niet het gepaste formaat, klik dan op **Meer papierformaten**. In het venster **Papier-instelling** kunt u zelf de exacte afmetingen typen bij **Breedte** en **Hoogte**. Bevestig met **OK**.

Kan ik wit papier ook een ander kleur geven?

Als u enkel wit papier in huis hebt, maar toch een gekleurd vel wilt afdrukken, dan kan dat. Klik in het tabblad **Pagina-indeling** op **Paginakleur**. Hiermee geeft u de gehele pagina een andere kleur. Bedenk wel dat uw inktpatronen snel leeg zijn als u dit vaak doet.

De printer drukt niet goed af.

Controleer altijd of het papier dat u koopt geschikt is voor uw printer. De meeste printers kunnen 160 of 200 grams papier afdrukken. Een inkjetprinter kan met bijna alle soorten papier overweg; een laserprinter heeft moeite met gesatineerd papier. Te vezelig en handgeschept papier is eigenlijk nooit aan te bevelen. De letters worden dan niet netjes afgedrukt.

Bij afwijkende papierformaten kan het nodig zijn dat u via de **Eigenschappen** van uw printer het speciale formaat opgeeft. Raadpleeg de handleiding van uw printer.

6

HOESJES EN LABELS VOOR CD'S

- Een foto invoegen
- Labels voor cd-schijfjes
- Een genummerde lijst

HOESJES EN LABELS VOOR CD'S

Cd-roms die u zelf brandt zien er een pak professioneler uit als u er een leuk hoesje en een label voor ontwerpt. Met Word is dat perfect mogelijk! Het hoesje drukt u af op gewoon of op speciaal papier, maar voor labeltjes moet u zelfklevend papier gebruiken.

LABELS ONTWERPEN EN AFDRUKKEN

Laat u niet misleiden door de ronde vorm van cd-labels: voor het maken van zo'n label werkt u zoals gewoonlijk in een normaal Word-document. Natuurlijk moet u wel rekening houden met de snijdvorm en ervoor zorgen dat uw tekst en illustraties niet buiten het label vallen!

Voor het afdrukken ervan hebt u wel speciaal papier nodig. In de handel vindt u een ruime keuze aan zelfklevend en voorgesneden labelpapier. Hier werken we met de cd-labels van Easy Computing. De vellen hebben het A4-formaat. Per vel kunt u twee labels bedrukken.

EEN CD-LABEL CREËREN

Om het u makkelijk te maken hebben wij al twee documenten gecreëerd waarin de standaard afmetingen van labels zijn ingesteld. Zo hoeft u enkel maar uw eigen tekst te typen en de labels naar wens op te maken.

Open het oefendocument **CD Label** en bewaar het bestand meteen onder een andere naam: **Eerste label**. Dat doet u via de **Office-knop** en **Opslaan als**.

Door het document direct een andere naam te geven, voorkomt u dat u het voorbeelddocument overschrijft.

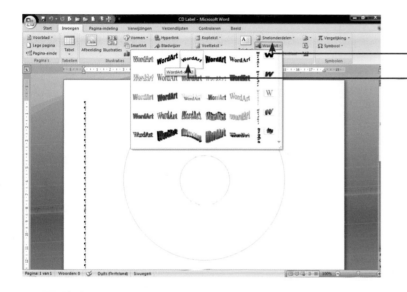

❶ Klik op het tabblad **Invoegen**.

❷ Klik op de knop **WordArt**.

❸ Kies **WordArt-stijl 3**.

Mogelijk staat hier nog tekst die u eerder ingaf.

❹ Het venster **WordArt-tekst bewerken** verschijnt.

❺ Typ in het vak **Tekst** uw opschrift

❻ Kies een **Lettertype**.

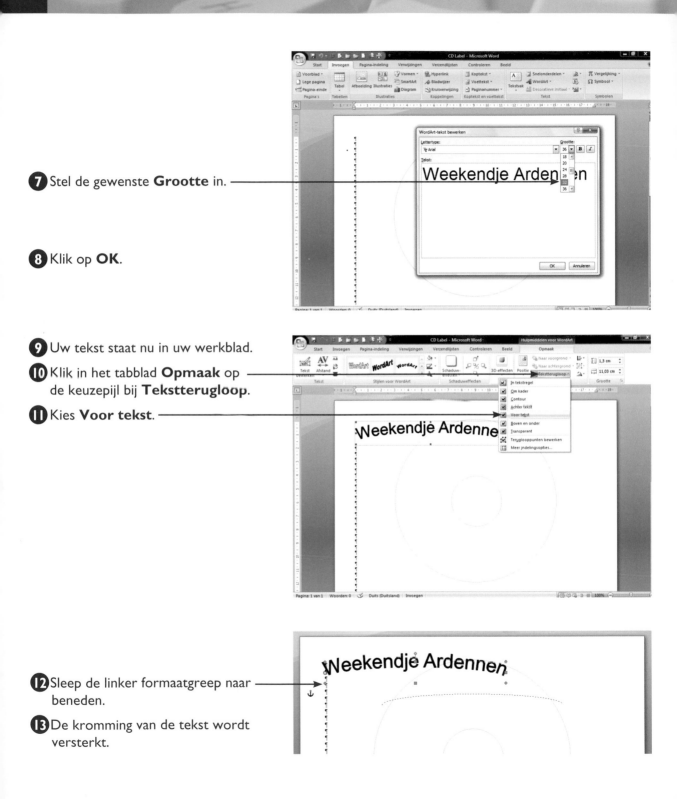

7 Stel de gewenste **Grootte** in.

8 Klik op **OK**.

9 Uw tekst staat nu in uw werkblad.

10 Klik in het tabblad **Opmaak** op de keuzepijl bij **Tekstterugloop**.

11 Kies **Voor tekst**.

12 Sleep de linker formaatgreep naar beneden.

13 De kromming van de tekst wordt versterkt.

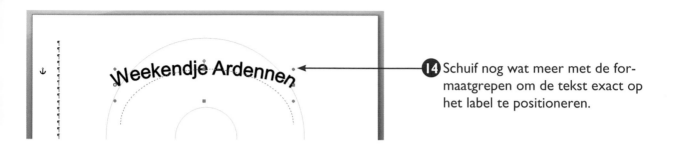

14 Schuif nog wat meer met de formaatgrepen om de tekst exact op het label te positioneren.

HET LABEL OPMAKEN

Zolang de WordArt-tekst geselecteerd is, ziet u het tabblad **Opmaak**. Hiermee kunt u de tekst verder opmaken. Klikt u op de knop **Tekst bewerken**, dan kunt u de woorden zelf veranderen.

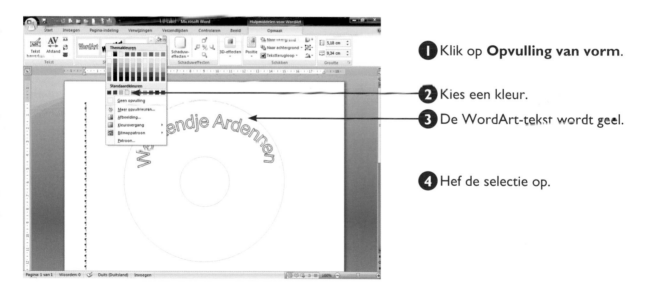

1 Klik op **Opvulling van vorm**.

2 Kies een kleur.

3 De WordArt-tekst wordt geel.

4 Hef de selectie op.

Een foto als achtergrond

Het label is nog vrij kaal. Door een foto toe te voegen op de achtergrond krijgt u zeker een mooier resultaat!

1 Klik op de buitenrand van het cd-label.

2 Er verschijnen formaatgrepen.

3 Klik in het tabblad **Opmaak** op **Opvulling van vorm**.

4 Kies **Afbeelding**.

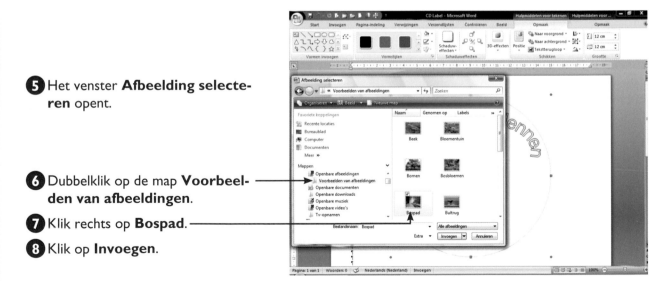

5 Het venster **Afbeelding selecteren** opent.

6 Dubbelklik op de map **Voorbeelden van afbeeldingen**.

7 Klik rechts op **Bospad**.

8 Klik op **Invoegen**.

Hier kiezen we een foto die standaard bij Windows is meegeleverd, maar u kunt natuurlijk ook een eigen digitale foto invoegen.

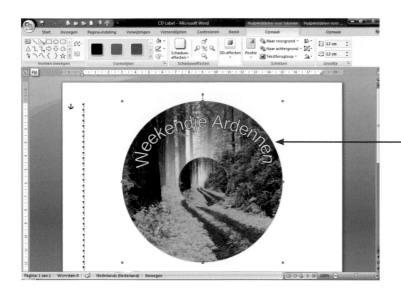

9 De foto verschijnt op uw label.

U hebt nu uw eerste label gemaakt! Ga nu zelf aan de slag met het tweede label op de pagina. Voeg eens een tekstvak of een illustratie in, zoals u geleerd hebt in de voorgaande hoofdstukken.

Sla uw document wel op onder een andere naam zodat het originele oefenbestand bewaard blijft!

HOESJES VOOR CD'S

Een hoesje voor een cd-doos bestaat uit drie luiken. Op de voorkant gaat u een opschrift en een illustratie invoegen. Op de achterkant komt een genummerde lijst. Eventueel kunt u ook nog wat tekst zetten op de rug van het hoesje. Daarna gaat u afdrukken, op gewoon papier of op speciaal, gestanst papier.

EEN CD-HOES ONTWERPEN

Opnieuw kunt u vertrekken vanuit een voorbeelddocument waarin de juiste afmetingen al ingesteld zijn. Open het bestand **CD Hoes** en sla het meteen weer op onder een andere naam: **Eerst cd hoes**.

1 Klik op de knop **Eén pagina**.

2 U hebt nu een beter overzicht.

3 Klik in het grote vak.

U ziet een raster waarbinnen u de tekst typt. Het bestaat uit een tabel met rijen en kolommen. Meer hierover leest u in hoofdstuk 7.

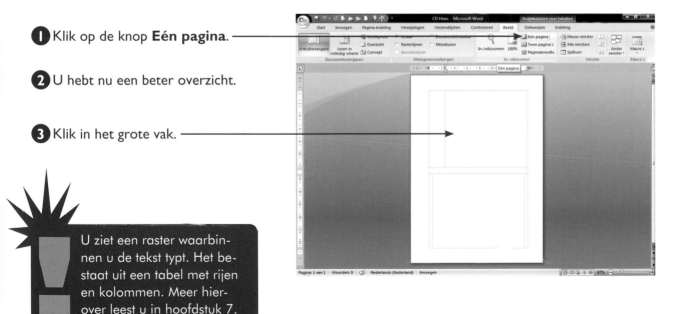

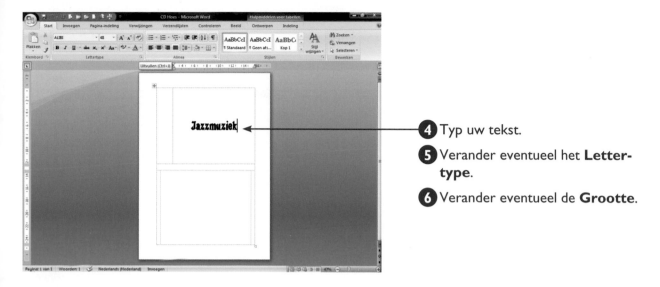

4 Typ uw tekst.

5 Verander eventueel het **Letter-type**.

6 Verander eventueel de **Grootte**.

U gaat nu ook nog een illustratie invoegen. Volg daarvoor de werkwijze uit hoofdstuk 5. Schik uw tekst en de illustratie netjes in het grote vak.

Een genummerde lijst

Op de achterkant van uw hoesje gaat u een genummerde lijst creëren. De cijfers van zo'n 'index' hoeft u niet zelf te typen, dat doet Word voor u. Ofwel geeft u aan Word deze opdracht alvorens u begint te typen, ofwel selecteert u de tekstregels achteraf en laat u ze vervolgens door Word nummeren. We kiezen voor de eerste methode.

Zet u beeldweergave eerst weer op 100% voor een goed zicht.

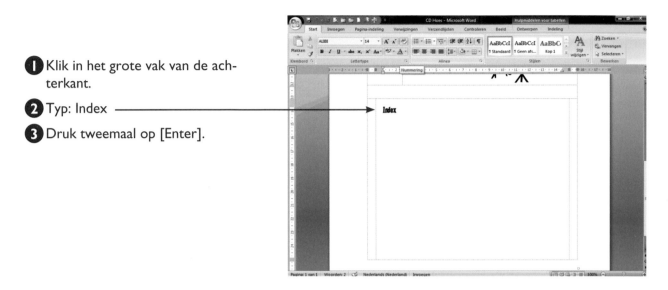

1 Klik in het grote vak van de achterkant.

2 Typ: Index ——————————

3 Druk tweemaal op [Enter].

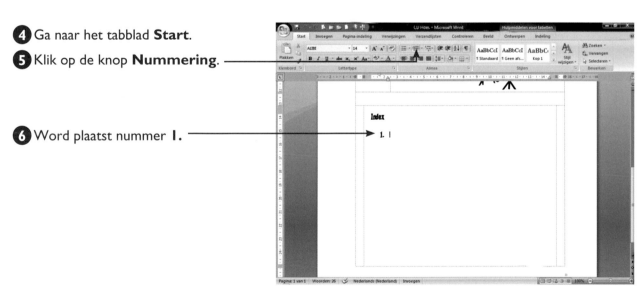

4 Ga naar het tabblad **Start**.

5 Klik op de knop **Nummering**. ——

6 Word plaatst nummer **1.** ——————

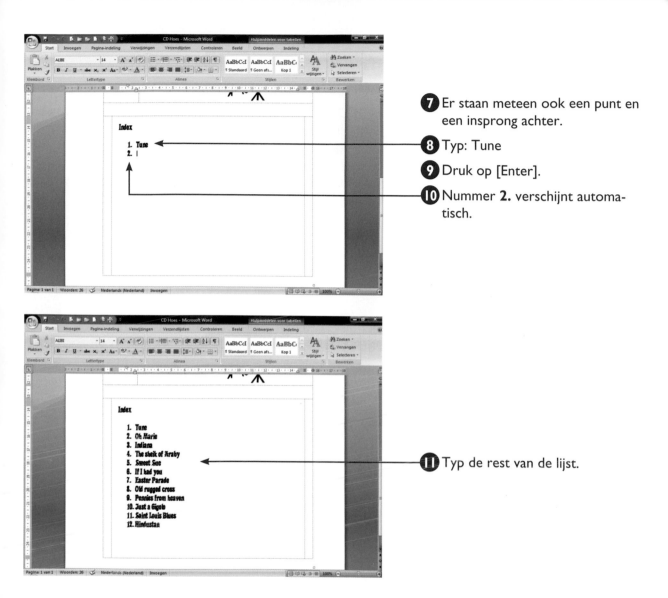

7 Er staan meteen ook een punt en een insprong achter.

8 Typ: Tune

9 Druk op [Enter].

10 Nummer **2.** verschijnt automatisch.

11 Typ de rest van de lijst.

Als u een regel vergeten bent en deze ertussen wilt typen, dan zal Word gewoon de nummering aanpassen. Dat gebeurt ook wanneer u beslist een regel te verwijderen.

Nummering anders positioneren

U hebt vast gemerkt dat Word de nummers automatisch iets verder van de marge laat beginnen. Als u het invoegpunt bij een nummer zet en dan naar de liniaal kijkt, ziet u daar kleine grijze driehoekjes staan. Dit zijn inspringpunten.

① Selecteer uw genummerde lijst.

② Klik op het bovenste inspringpunt.

③ Er verschijnt een vage lijn in uw document.

④ Sleep naar links.

⑤ De nummers staat nu tegen de marge.

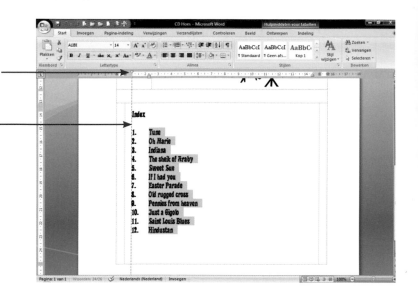

Met het tweede inspringpunt verschuift u alleen de tekst. Zo verkleint u de witruimte tussen nummer en tekst. Klikt u op het blokje, dan verschuiven de nummers en de tekst tegelijk.

Genummerde lijst opmaken

Tegelijk met de automatische nummering heeft Word zelf een bepaalde stijl aan de cijfers toegekend. Hier is dat een cijfer gevolgd door een punt. De stijl kunt u naar wens aanpassen.

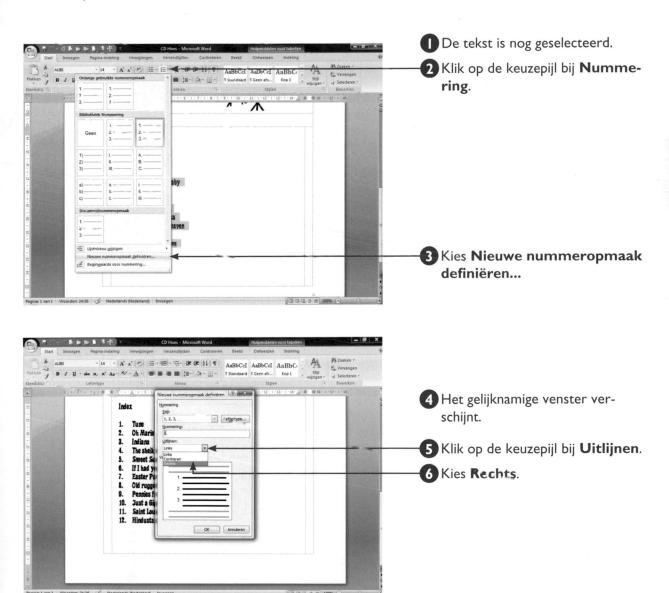

1 De tekst is nog geselecteerd.

2 Klik op de keuzepijl bij **Nummering**.

3 Kies **Nieuwe nummeropmaak definiëren...**

4 Het gelijknamige venster verschijnt.

5 Klik op de keuzepijl bij **Uitlijnen**.

6 Kies **Rechts**.

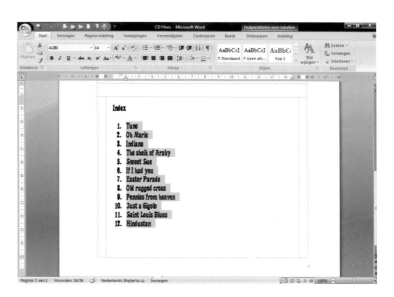

7 De eenheden staan nu recht onder elkaar.

Geen nummering meer

De automatische nummering haalt u weg door alle tekst
te selecteren en nog eens op de knop **Nummering** te
klikken. Uw indexlijst is nu niet meer genummerd.

Wilt u de genummerde lijst wel behouden maar eronder
een gewone tekstregel typen, dan drukt u op [Enter].
Normaal verschijnt dan het vervolgnummer. Dit haalt u
weg door nog eens op **Nummering** te klikken.

LABELS EN HOESJES AFDRUKKEN

Printen op speciaal labelpapier verloopt net zoals een gewone afdruk. Let er wel op dat de juiste kant van het papier boven ligt. Hetzelfde geldt voor het afdrukken van hoesjes.

1 Klik op de **Office-knop**.

2 Klik op **Afdrukken**.

3 Klik nog eens op **Afdrukken**.

4 Het venster **Afdrukken** opent.

5 Klik op **OK**.

6 Het vel met de twee labels wordt afgedrukt.

7 Sluit uw document.

Volg nu verder de instructies op de verpakking van het papier om het label netjes op het schijfje te kleven.

AFSLUITING

In dit hoofdstuk hebt u geleerd om cd-labels en -hoesjes te maken en te bedrukken. Voor de opmaak werkte u met tekst en illustraties. U leerde ook omgaan met de automatische nummering van Word.

Veel gestelde vragen

Ik gebruik ander labelpapier. Hoe maak ik dan een eigen label?

Als u ander papier hebt, is het mogelijk dat de twee labels iets afwijkend op het vel geplaatst zijn. De twee voorbeeldbestanden zijn dan niet meer goed bruikbaar. Maak zelf eerst een stramien op een blanco werkblad. Dat gaat zo: maak een overtrek van de labels op het zelfklevende vel. Meet vervolgens de afmetingen en teken cirkels op uw werkblad met behulp van de optie **Vormen** van het tabblad **Invoegen**. Geef op het tabblad **Opmaak** de juiste afmetingen op in de groep **Grootte**. Maak uw label op en druk daarna enkele proefjes af op gewoon A4-papier. Mogelijk moet u de cirkels nog wat verplaatsen om de tekst precies goed te laten uitkomen. Is het resultaat goed, dan kunt u afdrukken op het duurdere labelpapier.

Bewaar het document ook zodat u er later steeds opnieuw mee kunt werken.

Kan ik lijsten in Word sorteren?

Ja, dat kan. Selecteer uw lijst en ga naar het tabblad **Start**. Klik bij de groep **Alinea** op de knop **Sorteren**. U ziet dan een nieuw venster waarin bovenaan het keuzerondje **Oplopend** gemarkeerd is. Klik op **OK**. Uw lijst is nu alfabetisch gesorteerd. Wilt u de sortering omdraaien, kies dan voor de optie **Aflopend**.

7

JANUARI 2009

Maandag	Dinsdag	Woensdag	Donderdag	Vrijdag	Zaterdag	Zondag
			1	2	3	4
5	6	7	8	9	10	11
12	13	14	15	16	17	18
19	20	21	22	23	24	25
26	27	28	29	30	31	

EEN ORIGINELE KALENDER MAKEN

- Een tabel invoegen

- Omgaan met kolommen, rijen en cellen

- Cellen opmaken

- Een fotoframe creëren

EEN ORIGINELE KALENDER MAKEN

De beste manier om iets te onthouden is het opschrijven. Agenda's en lijstjes zijn hiervoor ideaal. Ook in Word kunt u lijsten, tabellen en kalenders maken. In dit hoofdstuk ontwerpt u een heel originele verjaardagskalender.

EEN TABEL INVOEGEN

Een tabel is een raster van rijen en kolommen. De horizontale balkjes zijn rijen, de verticale noemen we kolommen. De vakken die ontstaan tussen de snijlijnen worden **cellen** genoemd. Zo'n cel kunt u vullen met tekst of met een afbeelding. U kunt er ook een kleur of mooie randen aan toekennen. Dat geldt trouwens voor gans de tabel!

Als oefening maakt u een 'niet te vergeten'-lijstje voor de voorbereidingen van een verjaardag.

Cel
Een vak in een tabel.

1 Open een nieuw document.

2 Klik op tabblad **Invoegen**.

3 Klik op de keuzepijl bij **Tabel**.

4 Ga met de muisaanwijzer over de vakjes zodat er drie kolommen en vijf rijen oplichten.

5 Klik ter bevestiging.

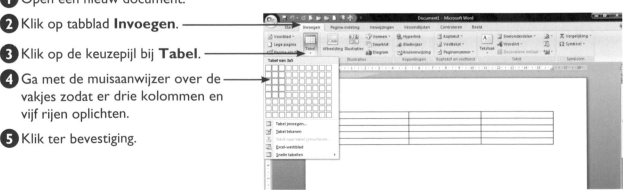

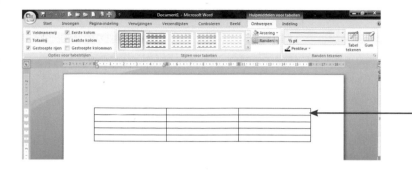

6 In uw document verschijnt de tabel.

7 Er zijn 15 cellen.

Een tabel is een prima hulpmiddel om uw tekst netjes te positioneren op het blad. In een cel kunt u gewoon klikken en beginnen typen. De hoogte van de rij past zich automatisch aan de hoeveelheid tekst aan. Om naar een andere cel te gaan klikt u er gewoon in, maar u kunt ook het invoegpunt verplaatsen met de pijltjestoetsen of met de [Tab]-toets.

De kolombreedte wordt aangepast aan de breedte van de pagina.

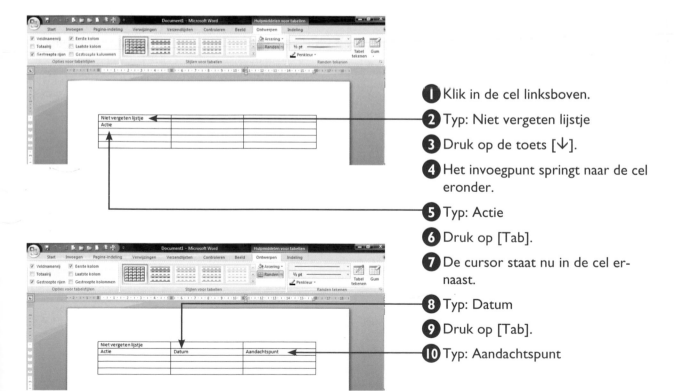

1 Klik in de cel linksboven.

2 Typ: Niet vergeten lijstje

3 Druk op de toets [↓].

4 Het invoegpunt springt naar de cel eronder.

5 Typ: Actie

6 Druk op [Tab].

7 De cursor staat nu in de cel ernaast.

8 Typ: Datum

9 Druk op [Tab].

10 Typ: Aandachtspunt

⓫ Druk op [Tab].

⓬ Vul de lijst verder aan.

Drukt u in de laatste cel op de toets [Tab], dan komt er automatisch een volgende rij bij.

NOG MEER RIJEN EN KOLOMMEN

Een rij of kolom vergeten? Geen probleem, u voegt deze gewoon achteraf toe. Let goed op waar u het invoegpunt zet.

❶ Het invoegpunt staat in de laatste cel.

❷ Ga naar het tabblad **Indeling**.

❸ Klik op **Rechts invoegen**.

❹ Er wordt een vierde kolom toegevoegd.

5 Alle kolommen zijn smaller geworden.

6 Vul het lijstje verder aan.

Rijen en kolommen verwijderen

Overbodige rijen of kolommen kunt u ook weer verwijderen. Hier gaan we een rij wissen. Samen met de rij verdwijnt ook de tekst die erin staat.

De werkwijze voor kolommen is gelijk.

1 Klik net voor de vijfde rij.

2 Deze is nu geselecteerd.

3 Ga naar het tabblad **Indeling**.

4 Klik op de keuzepijl bij **Verwijderen**.

5 Kies **Rijen verwijderen**.

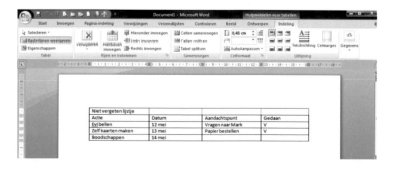

6 De rij is verdwenen.

Cellen samenvoegen

De eerste rij van de tabel fungeert eigenlijk als kop of titelbalk. Mooier is het als deze rij een geheel is. U gaat dus de vier afzonderlijke cellen samenvoegen.

1 Selecteer de eerste rij.

2 Ga naar het tabblad **Indeling**.

3 Klik op **Cellen samenvoegen**.

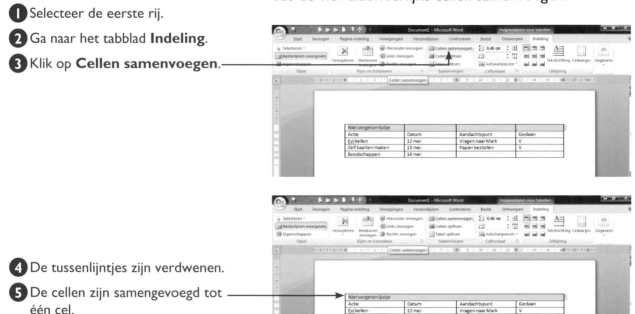

4 De tussenlijntjes zijn verdwenen.

5 De cellen zijn samengevoegd tot één cel.

6 Hef de selectie op.

UW TABEL OPMAKEN

Word biedt tal van mogelijkheden om uw ingevoegde tabel verder aan te passen. Via het tabblad **Indeling** kunt u de tabel uitbreiden, maar ook de tekst in een andere richting plaatsen of de kolommen smaller maken. Het tabblad **Ontwerpen** bevat allerlei opties voor een leuke opmaak met kleur, arcering, speciale randen... Maar nog makkelijker en sneller gaat het door in de groep **Stijlen voor tabellen** te kiezen uit de collectie ingebouwde stijlen. Eén klik is voldoende voor een professionele opmaak. Deze kunt u overigens zelf nog verder aanpassen.

Begin met gans de tabel te selecteren.

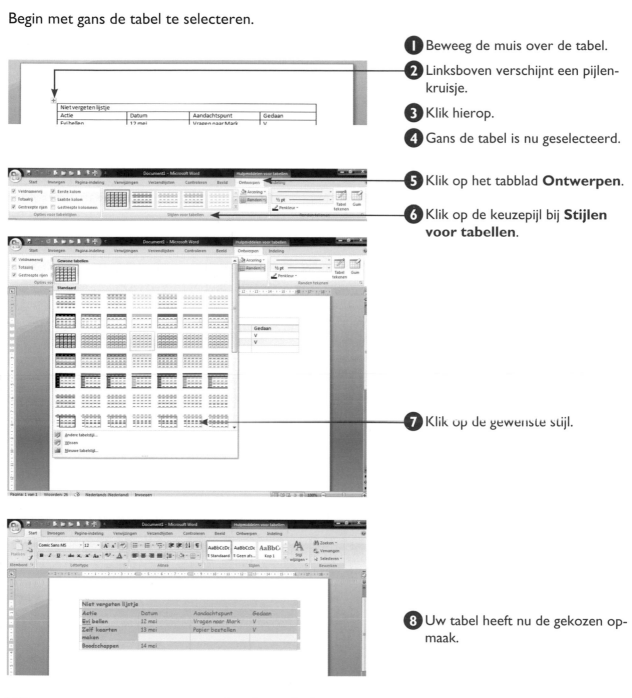

1 Beweeg de muis over de tabel.

2 Linksboven verschijnt een pijlen-kruisje.

3 Klik hierop.

4 Gans de tabel is nu geselecteerd.

5 Klik op het tabblad **Ontwerpen**.

6 Klik op de keuzepijl bij **Stijlen voor tabellen**.

7 Klik op de gewenste stijl.

8 Uw tabel heeft nu de gekozen op-maak.

Wilt u nu nog wat aanpassen aan de tekst zelf, dan moet u terug naar het tabblad **Start**.

De werkwijze bij rijen is dezelfde.

Zelf de breedte en hoogte instellen

Cellen passen zich automatisch aan aan de hoeveelheid tekst en de paginabreedte. Hier kunt u echter wel invloed op uitoefenen. In de oefening gaat u de eerste kolom breder maken.

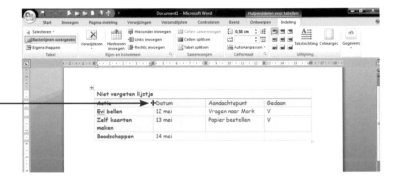

❶ Plaats uw muis op de scheidingslijn tussen kolom 1 en 2.

❷ De aanwijzer verandert in een streepje met twee pijltjes.

❸ Klik en sleep wat naar rechts.

❹ Een vage lijn beweegt mee.

❺ Laat de muisknop los.

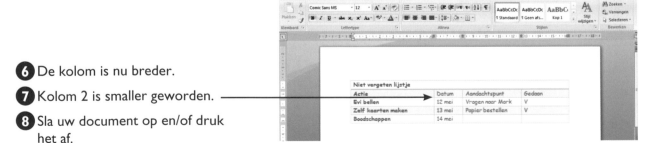

❻ De kolom is nu breder.

❼ Kolom 2 is smaller geworden.

❽ Sla uw document op en/of druk het af.

❾ Sluit het bestand.

EEN PERSOONLIJKE KALENDER

Een leuk project is het ontwerpen van een kalender met eigen foto's om verjaardagen op te noteren. Zo oefent u het gebruik van tabellen én het invoegen van foto's. De tabel gaat u deze keer op een andere manier creëren.

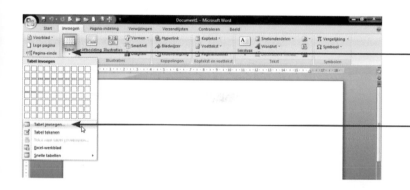

1 Open een nieuw document.

2 Ga naar het tabblad **Invoegen**.

3 Klik op de keuzepijl bij **Tabel**.

4 Klik op **Tabel invoegen**.

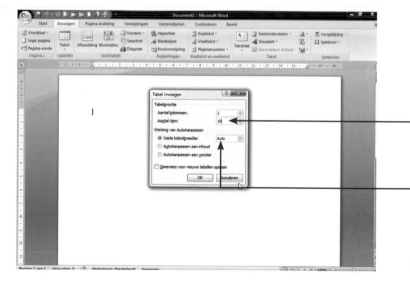

5 Het gelijknamige venster opent.

6 Bij **Aantal kolommen** typt u: 2

7 Bij **Aantal rijen** typt u: 19

8 Controleer of **Vaste kolombreedte** aangestipt is.

9 Controleer of er **Auto** staat.

10 Klik op **OK**.

11 De tabel wordt ingevoegd.

Deze werkwijze is handig als u weet hoeveel rijen en kolommen u exact nodig hebt. Bovendien biedt het dialoogvenster meer opties om de kolombreedte in te stellen.

KALENDER AANPASSEN EN OPMAKEN

De rijen en kolommen voor de dagen zijn ingevoerd. Nu moet het kalenderblad nog worden aangepast, opgemaakt en voorzien van een foto.

Ook lege cellen kunt u al voorzien van een opmaak. Uw tekst krijgt dan meteen de gewenste stijl.

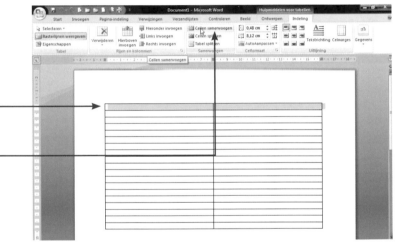

❶ Selecteer de eerste rij.

❷ Klik op tabblad **Indeling**.

❸ Klik op **Cellen samenvoegen**.

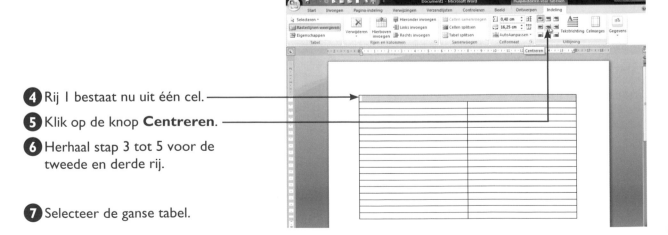

❹ Rij 1 bestaat nu uit één cel.

❺ Klik op de knop **Centreren**.

❻ Herhaal stap 3 tot 5 voor de tweede en derde rij.

❼ Selecteer de ganse tabel.

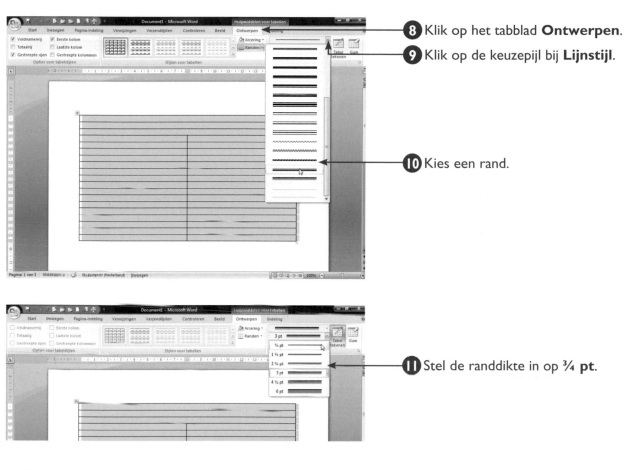

8 Klik op het tabblad **Ontwerpen**.

9 Klik op de keuzepijl bij **Lijnstijl**.

10 Kies een rand.

11 Stel de randdikte in op ¾ **pt**.

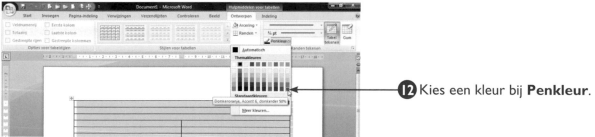

12 Kies een kleur bij **Penkleur**.

⓮ Klik op de keuzepijl bij **Randen**. ——————

⓮ Kies **Alle randen**. ——————

⓯ Gans uw tabel is nu opgemaakt.

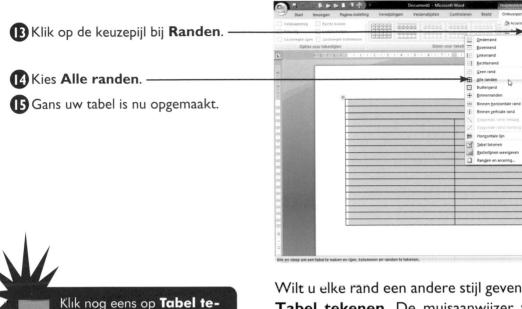

Klik nog eens op **Tabel tekenen** om de optie te deactiveren.

Wilt u elke rand een andere stijl geven? Klik op de knop **Tabel tekenen**. De muisaanwijzer verandert in een potlood. Stel een dikte, stijl en kleur in. Sleep nu over de betreffende rasterlijn. Deze krijgt de gekozen opmaak.

Een foto invoegen

In de eerste cel plaatst u de eerste foto. Gebruik uw eigen digitale foto's of werk met de foto's in de map **Voorbeelden van afbeeldingen**.

❶ Het invoegpunt staat in de eerste cel.

❷ Klik op tabblad **Invoegen**.

❸ Klik op **Afbeelding**. ——————

❹ Het venster **Afbeelding invoegen** opent.

❺ Klik door naar de map met de foto's.

❻ Klik op **Bomen**. ——

❼ Klik op **Invoegen**.

❽ De foto verschijnt in cel 1.

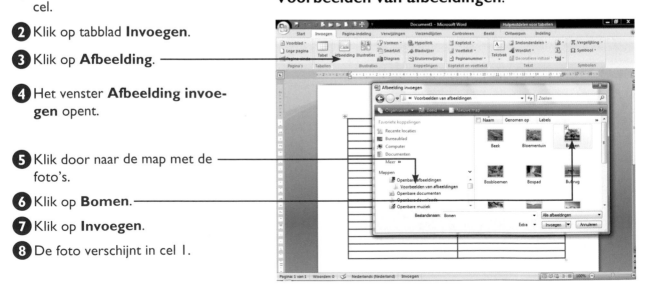

Net als bij illustraties kunt u de foto vergroten, verkleinen, verplaatsen of weer verwijderen.

Foto bewerken

Word biedt enkele retoucheermogelijkheden om uw
foto's te bewerken. Op het tabblad **Opmaak** kunt u
helderheid, contrast, enzovoort aanpassen.

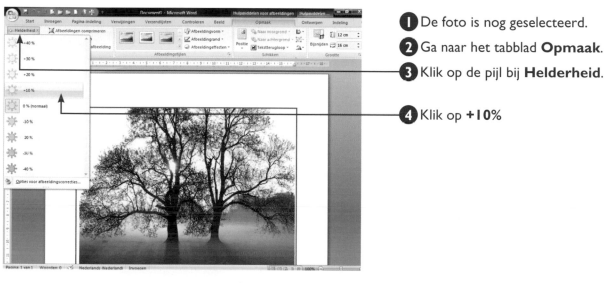

① De foto is nog geselecteerd.

② Ga naar het tabblad **Opmaak**.

③ Klik op de pijl bij **Helderheid**.

④ Klik op **+10%**

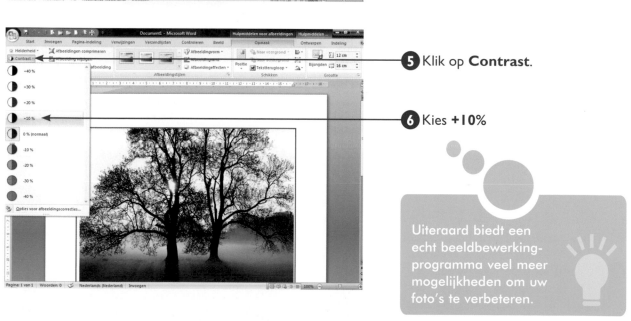

⑤ Klik op **Contrast**.

⑥ Kies **+10%**

Uiteraard biedt een
echt beeldbewerking-
programma veel meer
mogelijkheden om uw
foto's te verbeteren.

Een fotolijst aanbrengen

Nu gaat u nog een mooi fotolijstje om uw foto plaatsen. Kies een stijl die Word aanbiedt en verander daarna de kleur en de randdikte.

1 Klik op het pijltje bij **Afbeelding-stijlen**.

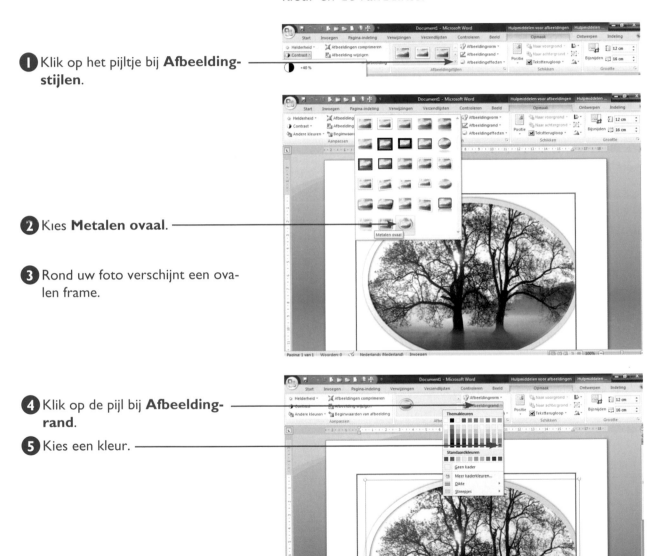

2 Kies **Metalen ovaal**.

3 Rond uw foto verschijnt een ovalen frame.

4 Klik op de pijl bij **Afbeelding-rand**.

5 Kies een kleur.

6 De rand verandert van kleur.

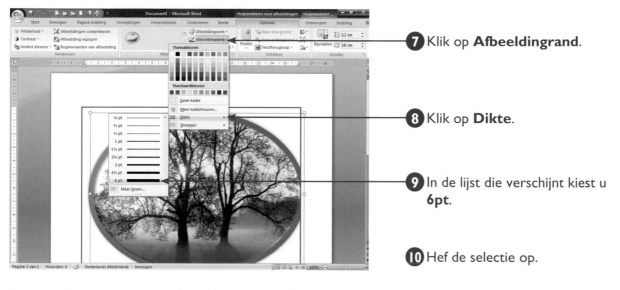

7 Klik op **Afbeeldingrand**.

8 Klik op **Dikte**.

9 In de lijst die verschijnt kiest u **6pt**.

10 Hef de selectie op.

Door te kiezen voor een fotolijst kan de rijhoogte veranderen. Soms gebeurt het dat uw tabel dan niet meer op de pagina past. Maak in dat geval de foto kleiner.

Achtergrond toevoegen

De foto komt mooier uit als u een achtergrondkleur toevoegt. In Word wordt dit ook 'arcering' genoemd.

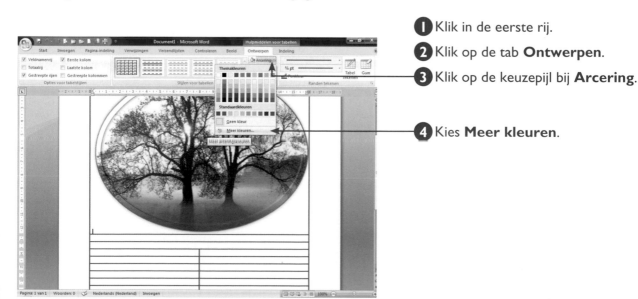

1 Klik in de eerste rij.

2 Klik op de tab **Ontwerpen**.

3 Klik op de keuzepijl bij **Arcering**.

4 Kies **Meer kleuren**.

5 Het venster **Kleuren** opent.

6 Klik op **Aangepast**. ————————

7 Klik op de gewenst tint. ————

8 Sleep met het schuifje om de ———
kleur nog bij te stellen.

9 Klik op **OK**.

10 De ruimte rond de fotolijst wordt
ingekleurd.

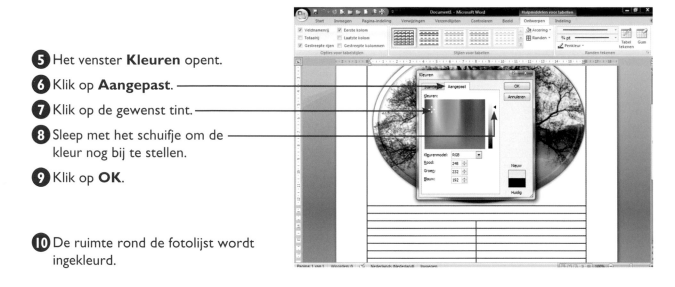

DE KALENDER INVULLEN

De eerste pagina is bijna klaar. Nu moet de tekst nog
worden toegevoegd: de maand, het jaartal, een omschrijving bij de foto, …

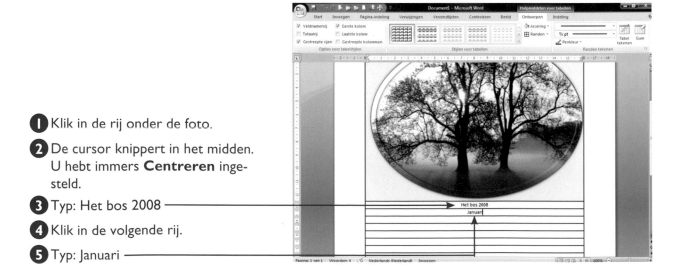

1 Klik in de rij onder de foto.

2 De cursor knippert in het midden.
U hebt immers **Centreren** ingesteld.

3 Typ: Het bos 2008 ————————

4 Klik in de volgende rij.

5 Typ: Januari ————

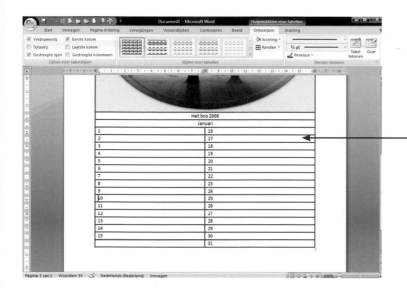

6 Vul de andere cellen met de dagen van de maand.

7 Stel eventueel nog een leuk lettertype en een andere tekengrootte in.

Deze eerste pagina gaat u verder gebruiken als sjabloon voor de overige maanden. U moet eerst nog 11 extra pagina's creëren. Dat doet u zo:

1 Klik onder de tabel.

2 Klik op tabblad **Invoegen**.

3 Klik op **Lege pagina**.

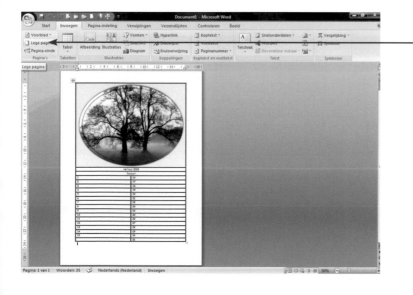

Zoom in tot **50%** voor een beter overzicht.

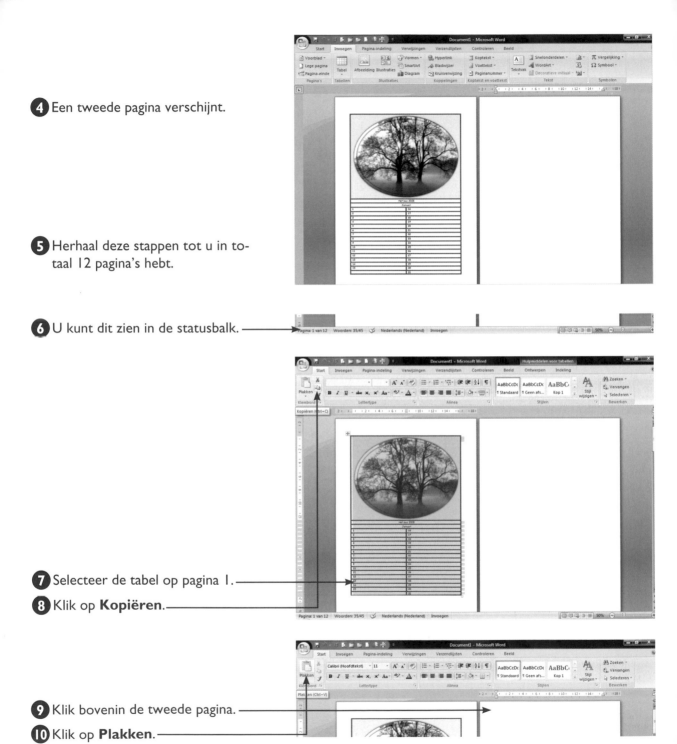

4 Een tweede pagina verschijnt.

5 Herhaal deze stappen tot u in totaal 12 pagina's hebt.

6 U kunt dit zien in de statusbalk. ———

7 Selecteer de tabel op pagina 1. ———

8 Klik op **Kopiëren**. ———

9 Klik bovenin de tweede pagina. ———

10 Klik op **Plakken**. ———

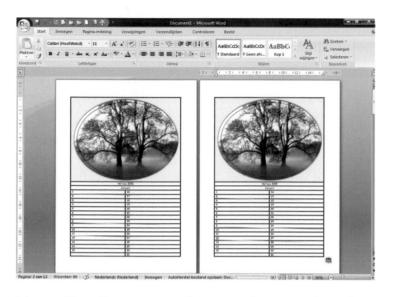

11 Herhaal stap 8 tot 10 bij de volgende pagina's.

Natuurlijk wilt u voor elke maand een andere foto zien.

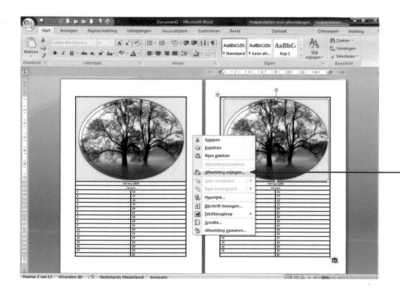

1 Rechtsklik in pagina 2 op de foto.

2 Een snelmenu verschijnt.

3 Klik op **Afbeelding wijzigen**.

4 U kunt nu een andere foto kiezen.

Herhaal deze stappen voor alle maanden. Pas ook overal de tekst aan en verander naar wens de arcering en de tekstopmaak.

Vergroot de tekst niet te veel, anders past alles misschien niet meer op één pagina.

AFSLUITING

In dit hoofdstuk leerde u werken met de uiterst handige tabellen en creëerde u een heel persoonlijke kalender. De boek-cd bevat verder drie lijsten en twee kalenders die u zelf naar wens kunt aanpassen. Bewaar ze wel altijd onder een andere naam zodat u het origineel behoudt.

Veel gestelde vragen

Hoe voeg ik meerdere kolommen tegelijk in?

Selecteer in uw tabel evenveel kolommen als u wilt toevoegen. Klik vervolgens in het tabblad **Indeling** op **Rechts invoegen**. Rechts van de geselecteerde kolommen verschijnen nu evenveel extra kolommen. U kunt ook kiezen voor **Links invoegen**, **Hierboven invoegen** of **Hieronder invoegen**. Let goed op welke kolommen u selecteert.

Wat is een veldnamenrij?

De veldnamenrij is de eerste balk van een tabel waarin de titel of de omschrijving van de kolominhoud staat. Als u in het tabblad **Ontwerpen** de optie **Veldnamenrij** aanvinkt, wordt deze titelbalk op alle achterliggende pagina's herhaald. Dat is overzichtelijk bij erg lange tabellen.

Als ik mijn tabel afdruk zijn de lijnen verdwenen.

De lijnen die u ziet bij het maken van een tabel, worden niet afgedrukt. Dit zijn namelijk de rasterlijnen. Ze zijn een hulpmiddel om te tonen waar de cellen staan. Wilt u de lijnen ook op uw afdruk hebben, dan moet u ze voorzien van een randstijl.

8

Anne Timmer Melis
Horzelstraat 100
1180 Brussel

Telefoon 012 3456789
Email info@easycomputing.com

VISITEKAARTJES EN ETIKETTEN

- Uw eigen visitekaartjes

- Etiketten maken en correct afdrukken

- Werken met een stramien

VISITEKAARTJES EN ETIKETTEN

U hoeft niet in een groot bedrijf te werken om een visitekaartje met uw eigen naam erop te hebben. Met behulp van Word en speciaal papier maakt u heel makkelijk uw persoonlijke visite-kaartjes en drukt deze af op het exacte aantal dat u nodig hebt. Ook het creëren van etiketten is in een handomdraai gebeurd!

VISITEKAARTJES MET EEN STRAMIEN

Wilt u zelf visitekaartjes maken en afdrukken, dan is speciaal papier haast een vereiste. In de handel vindt u zulke glanzende of matte vellen van stevig papier waarin meerdere kaartjes geperforeerd zijn. Deze hebben met-een al de standaard afmetingen van 8,5 cm x 5,4 cm. Ook Easy Computing heeft papier voor visitekaartjes in het assortiment. In deze oefening gaat u een voorbeeld-bestand openen waarop het juiste kaartjesformaat al is ingesteld.

Om te oefenen kunt u natuurlijk ook een gewoon A4'tje gebrui-ken.

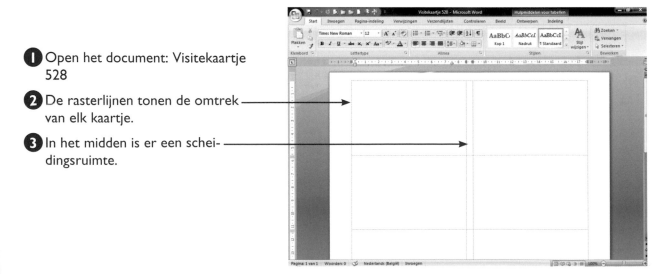

❶ Open het document: Visitekaartje 528

❷ De rasterlijnen tonen de omtrek van elk kaartje.

❸ In het midden is er een schei-dingsruimte.

Nu hoeft u de visitekaartjes enkel nog te vullen met persoonlijke gegevens en ze af te drukken. Een snelle werkwijze is één kaartje ontwerpen en de inhoud kopiëren naar de andere kaartjes op het blad.

Geen rasterlijnen? Klik op het tabblad **Indeling** en dan op **Rasterlijnen weergeven**.

Uw KAARTJE OPMAKEN

Eerst gaat u uw kaartje voorzien van tekst en een leuke opmaak.

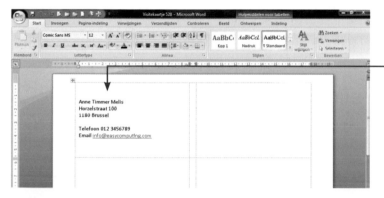

1 Klik in het visitekaartje linksboven.

2 Typ uw naam, adres, ….

Als u een e-mailadres typt en daarna op [Spatie] of [Enter] drukt, wordt het adres automatisch blauw en onderstreept. Het wordt een hyperlink.

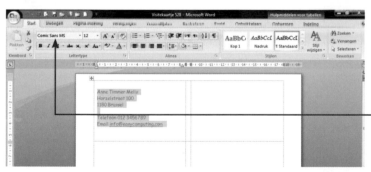

3 Selecteer alle tekst.

4 Verander het **Lettertype**.

5 Wijzig eventueel de **Tekengrootte**.

6 Verander eventueel de **Tekstkleur**.

7 Klik op **Rechts uitlijnen**.

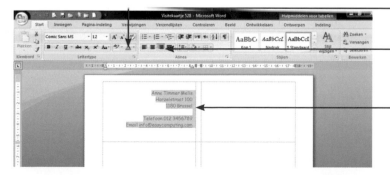

8 De tekst schuift naar rechts.

168

Meer over de inspring-
punten op de liniaal
leest u in hoofdstuk 6.

Alle tekstregels eindigen nu tegen de rechterrand van het kaartje en dat is niet zo fraai. Als u naar de liniaal kijkt, ziet u daar blokjes (links een zandlopersymbool en rechts een driehoekje). Met deze inspringpunten kunt u de tekst verplaatsen.

9 Klik op het rechter inspringpunt.

10 Sleep dit naar 7,5 cm op de liniaal.

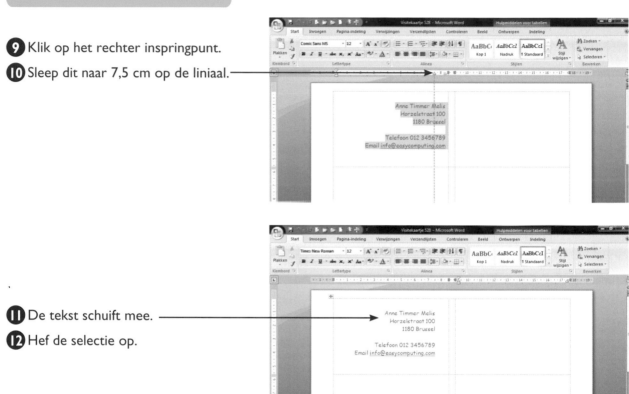

11 De tekst schuift mee.

12 Hef de selectie op.

Vormen en lijnen op uw visitekaartje

Net als bij wenskaarten, cd-labels, enzovoort kunt u foto's of illustraties toevoegen aan uw ontwerp. Op uw visitekaartje gaat u een eenvoudig logo creëren met behulp van **Vormen**. Daarna voegt u nog een lijn toe.

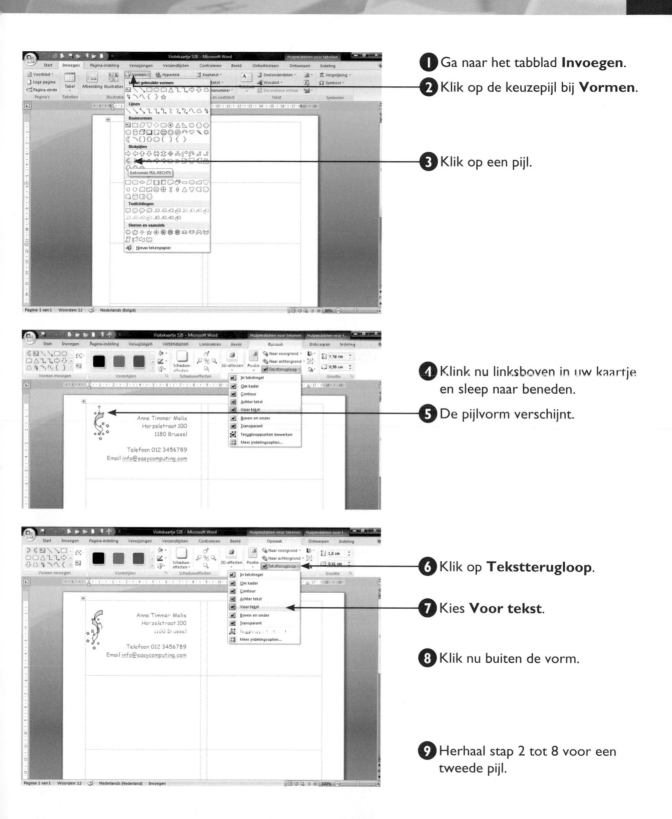

1 Ga naar het tabblad **Invoegen**.

2 Klik op de keuzepijl bij **Vormen**.

3 Klik op een pijl.

4 Klink nu linksboven in uw kaartje en sleep naar beneden.

5 De pijlvorm verschijnt.

6 Klik op **Tekstterugloop**.

7 Kies **Voor tekst**.

8 Klik nu buiten de vorm.

9 Herhaal stap 2 tot 8 voor een tweede pijl.

Nu gaat u een lijn toevoegen aan uw ontwerp.

10 Ga weer naar het tabblad **Invoegen**.

11 Klik op keuzepijl bij **Vormen**. ──

12 Klik op **Lijn**. ──

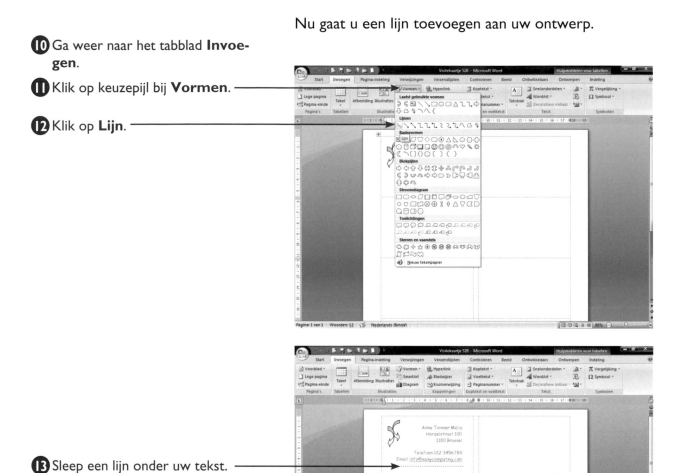

13 Sleep een lijn onder uw tekst. ──

14 Klik op **Tekstterugloop**.

15 Kies **Voor tekst**.

Vormen en lijnen opmaken

De ingevoegde vormen kunt u nu nog een kleur, schaduw of 3D-effect geven. Al deze opties vindt u bij het tabblad **Opmaak**. Dit tabblad wordt actief zodra u een vorm selecteert.

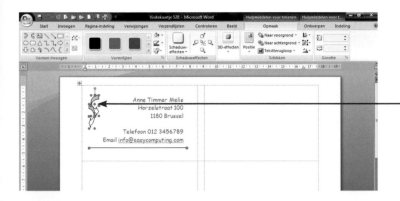

1 De lijn is nog geselecteerd.

2 Houd [Shift] ingedrukt.

3 Klik op de eerste pijl.

4 Klik op de tweede pijl.

5 Alle vormen zijn nu tegelijk geselecteerd.

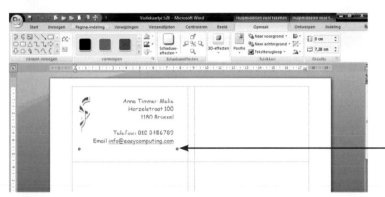

6 Bij **Vormstijlen** kiest u voor **Accent 1**.

7 Uw vormen zien er meteen anders uit.

8 Klik op de lijn.

9 Nu is alleen de lijn geselecteerd.

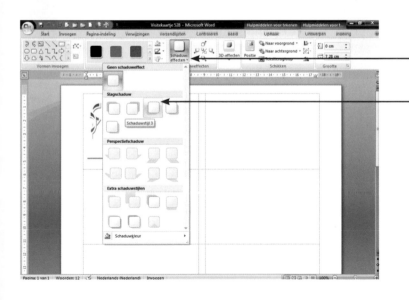

10 Klik op de keuzepijl bij **Schaduweffecten**.

11 Kies **Schaduwstijl 3**.

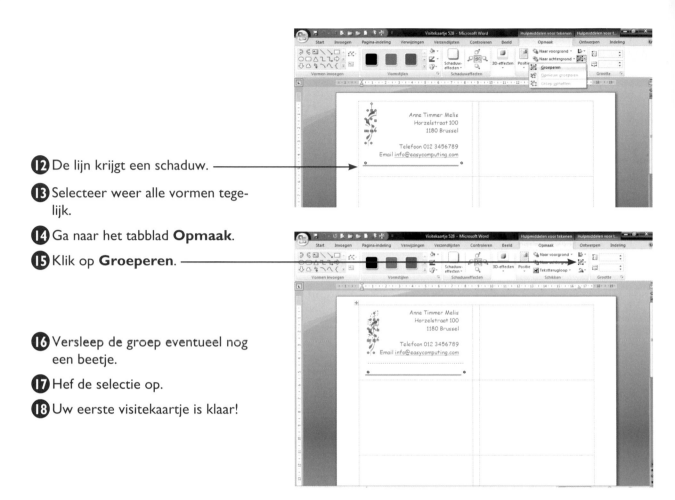

12 De lijn krijgt een schaduw. ————————

13 Selecteer weer alle vormen tegelijk.

14 Ga naar het tabblad **Opmaak**.

15 Klik op **Groeperen**. ————————

16 Versleep de groep eventueel nog een beetje.

17 Hef de selectie op.

18 Uw eerste visitekaartje is klaar!

MEERDERE KAARTJES OP EEN VEL

U gaat nu ook de andere lege kaartjes op het blad vullen met uw persoonlijke gegevens en uw logo. Gelukkig hoeft u niet alle stappen te herhalen. U kunt gewoon de inhoud van het eerste kaartje kopiëren naar de andere!

Om nauwkeurig te kunnen werk, maakt u eerst de verborgen tekens zichtbaar.

1 Klik op het tabblad **Start**.

2 Klik op **Alles weergeven**.

3 U ziet de kolomcodes.

4 Selecteer de tekst.

5 De illustraties worden ook auto-matisch geselecteerd.

6 Klik op **Kopiëren**.

7 Klik bij de kolomcode in het vol-gende kaartje.

8 Klik op **Plakken**.

9 Ook het tweede kaartje is klaar!

10 Herhaal stap 7 en 8 bij de andere kaartjes.

Plaats het speciale papier in de printer en druk het vel met visitekaartjes af. Sla het document op met de naam **Eigen visitekaartje**.

EEN STRAMIEN VOOR ETIKETTEN

Etiketten zijn handig om op enveloppen, dozen, schriften enzovoort te kleven. Etiketvellen zijn dan ook in vele maten en vormen te koop. In deze oefening gebruiken we etiketvellen van Easy Computing. Bij de oefendocumenten vindt u een kant-en-klaar stramien waarmee u de etiketten zo voorziet van een opdruk.

1 Open het document: Etiket 4383

2 Druk op [Ctrl]+[A].

3 Het hele document is geselecteerd.

4 Kies voor een rode **Tekstkleur**.

5 Stel de **Tekengrootte** in op 12.

6 Kies bij **Lettertype** voor **Calibri**.

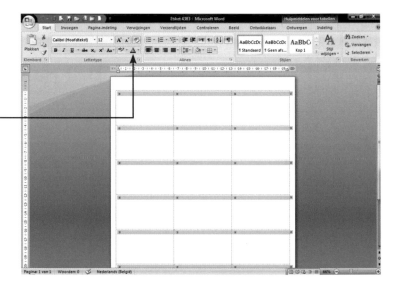

7 Typ in het eerste etiket de gewenste tekst.

8 Druk op de toets [Tab].

9 Het invoegpunt springt naar rechts.

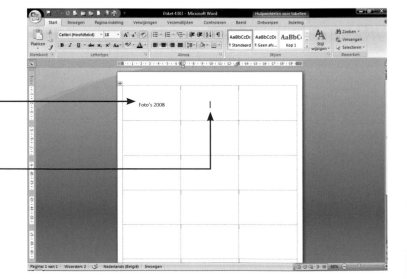

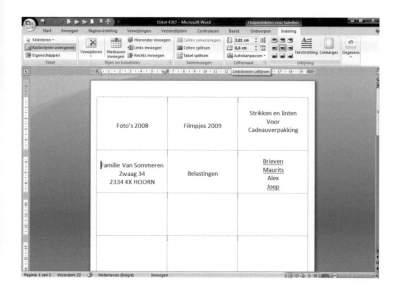

⑩ Typ uw tekst.

⑪ Voorzie ook de resterende etiketten van een opdruk.

Etiketten kunt u beschouwen als kleine pagina's. Als de gegevens er niet meer op passen, 'vallen' ze van het etiket. Verminder eventueel de tekengrootte.

Indeling van het etiket veranderen

Wellicht is het u opgevallen dat de tekst steeds in het midden wordt getypt en dat de getypte regels naar boven opschuiven. Dit komt omdat deze instellingen zo ingebouwd zijn in het stramien van het voorbeelddocument. Natuurlijk kunt u dit aanpassen, eventueel per etiket.

Op het tabblad **Indeling** bij de groep **Uitlijning** kunt u de tekst links of rechts laten uitlijnen en de margeruimte rondom de tekst wijzigen.

De andere opties van dit tabblad gebruikt u alleen als u het stramien zelf wilt wijzigen. Deze is namelijk gemaakt met de optie **Tabellen**.

1 Klik in het vierde etiket.

2 Klik op het tabblad **Indeling**.

3 Klik op **Linksboven uitlijnen**. ————

4 Klik op **Celmarges**. ————

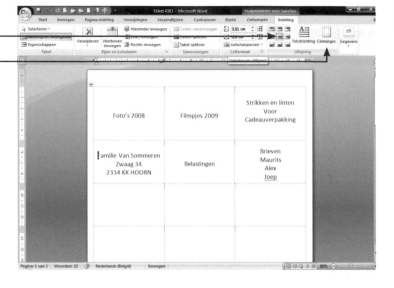

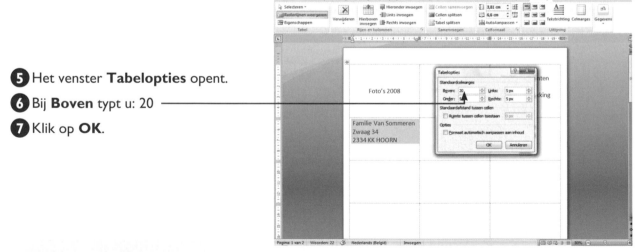

5 Het venster **Tabelopties** opent.

6 Bij **Boven** typt u: 20 ————

7 Klik op **OK**.

Pixel
Of beeldpunt. Kleinste eenheid
of stip op een scherm.

De celmarges worden in **pixels** aangegeven.

Ook de leesrichting van de tekst kunt u instellen op het tabblad **Indeling**. Door de tekstrichting 90° te draaien kunt u een tekst verticaal lezen, dus van boven naar onder. Handig voor labels op mappen!

1 Selecteer de tekst van het laatste etiket.

2 Klik op **Tekstrichting**.

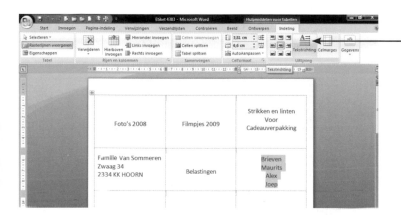

Per klik draait de tekst een kwartslag. Met een tweede klik staat uw tekst dus omgekeerd!

3 De tekst draait 90°.

U kunt naar wens nog illustraties, lijnen, ... aanbrengen op uw etiket. Plaats tot slot het papier in de printer en druk het document af. Sla het ook op onder een zelfgekozen naam.

AFWIJKEND ETIKETFORMAAT

Hebt u etikettenpapier gekocht en slaagt u er niet in om met het oefendocument netjes af te drukken, dan kan het zijn dat uw etiketten een ander formaat hebben. U kunt natuurlijk zelf een tabel creëren en een stramien opzetten, maar het kan ook makkelijker! U kunt binnen Word namelijk op zoek gaan naar een tabelraster dat overeenkomt met uw etikettenpapier.

❶ Open een nieuw document.

❷ Klik op het tabblad **Verzendlijs-ten**.

❸ Klik op **Etiketten**.

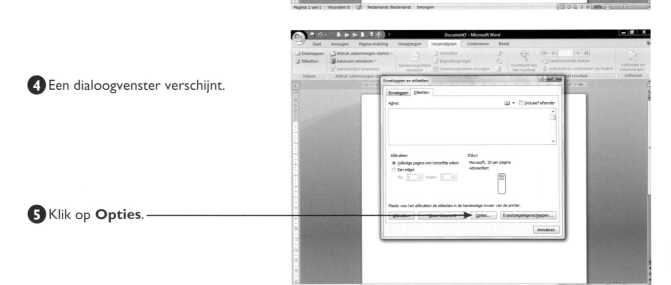

❹ Een dialoogvenster verschijnt.

❺ Klik op **Opties**.

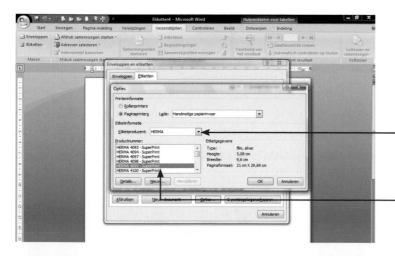

6 Het gelijknamige venster opent.

7 Klik op de keuzepijl bij **Etiket-producent**.

8 Kies het merk van uw papier.

9 Maak een keuze bij het **Product-nummer**.

10 Klik op **OK**.

11 U belandt terug in het eerste venster.

12 Klik op **Nieuw document**.

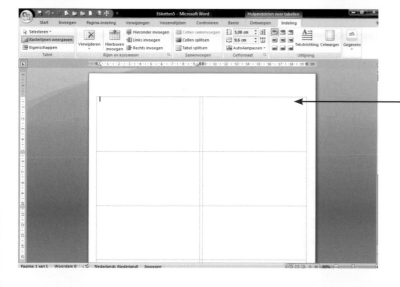

13 Het Word-blad is nu ingedeeld in etiketten.

14 Typ uw tekst en maak deze naar wens op.

15 Druk de etiketten af.

16 Sla het document op.

17 Sluit het document.

KANT-EN-KLARE VISITEKAARTJES EN ETIKETTEN

Op de cd-rom bij dit boek staan twee visitekaartjes en een voorbeeld voor etiketten. U kunt deze volkomen naar wens aanpassen. De grafische elementen zijn al aangebracht, u hoeft alleen maar uw gegevens in te voeren en te kopiëren.

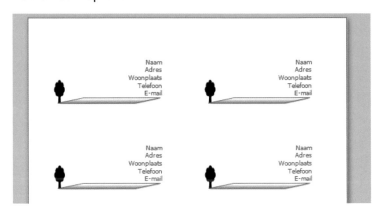

AFSLUITING

In dit hoofdstuk hebt u geleerd hoe u visitekaartjes en etiketten kunt bedrukken. U leerde werken met een stramien en oefende opnieuw de opmaak van tekst en het invoegen van vormen en lijnen.

Veel gestelde vragen

Hoe weet ik welk etiketformaat ik moet gebruiken?

Het formaat van uw etiketten staat op de verpakking vermeld. Kunt u de verpakking niet meer vinden, dan kunt u het etiketformaat ook handmatig opmeten en zelf een formaat creëren.

Kan ik alle stickervellen gebruiken?

U kunt alleen stickervellen gebruiken die geschikt zijn voor uw printer. Zo kan een laserprinter niet altijd overweg met zelfklevend papier. Lees goed wat op de verpakking van het stickerpapier staat.

Bij het printen krijg ik een melding dat de marges zich buiten het afdrukbare gebied van de pagina bevinden. Wat betekent dat?

De oorzaak ligt bij de afdrukmogelijkheden van uw printer. De meeste printers kunnen geen gans vel van rand tot rand bedrukken, maar laten altijd een randje vrij. Dit wordt namelijk voorbehouden voor de grijpertjes die instaan voor de papierdoorvoer. Wellicht komen de randen van uw etiketten in deze zone terecht en daardoor verschijnt de melding.

Klik op **Nee** en maak de marges rond uw etiketten wat groter. Het probleem zou nu opgelost moeten zijn.

40 jarig huwelijksjubileum

van

Richard en Anne

1 augustus 2009

EEN BOEKJE SAMENSTELLEN

- Opmaken met stijlen

- Een inhoudsopgave creëren

- Voetteksten en paginanummers

EEN BOEKJE SAMENSTELLEN

Tot nu toe maakte u creatieve projecten op slechts één of twee pagina's. Dus waarom niet eens een gans boekje samenstellen? In dit hoofdstuk creëert u een jubileumboekje ter gelegenheid van een 25-jarig huwelijk. Zo'n gedenkboekje bevat anekdotes, een welkomstlied of foto's van de voorbije jaren ... Hoe u afbeeldingen invoegt, weet u al. Het toevoegen van kop- en voetteksten met paginanummers, een inhoudsopgave en sierlijke paginaranden is straks ook een simpel klusje!

Zulke pagina's kunnen niet zoveel tekst bevatten als een volledig A4-vel.

PAPIERFORMAAT INSTELLEN

Om een boekje te creëren moet u uw tekst in boekvorm afdrukken. Op elk A4-vel worden twee pagina's geprint. Nadat de eerste zijde is bedrukt, print u de achterzijde van het papier. Wanneer u het stapeltje papier vervolgens vouwt, ontstaat er een boekje waarin u kunt bladeren.

In deze oefening vertrekt u van het voorbeelddocument **Feestgids** waarin al tekst en afbeeldingen zijn ingevoegd. U maakt er een boekje van met extra opmaakelementen.

Wilt u echter zelf helemaal van nul beginnen, dan moet u vooraf een paar instellingen maken.

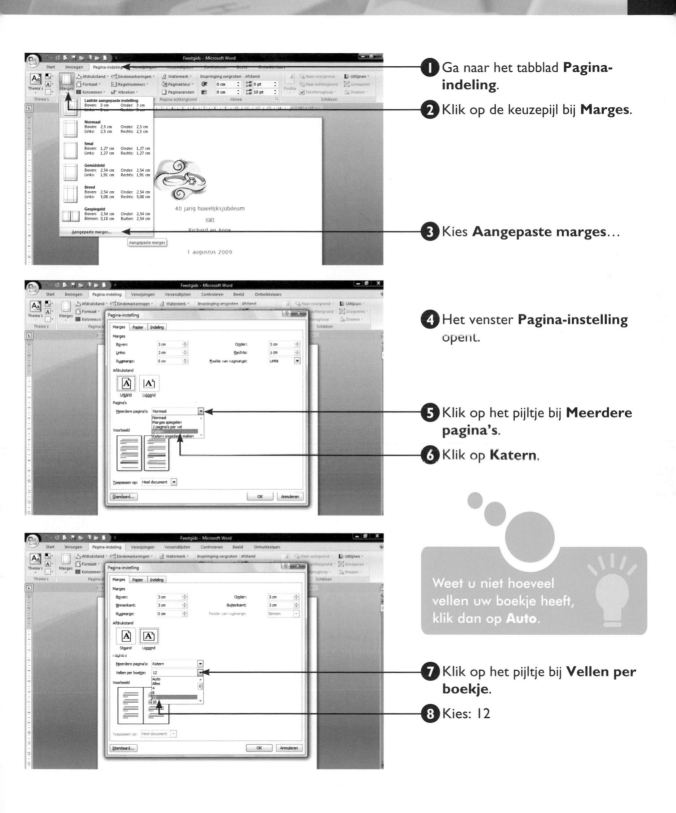

1 Ga naar het tabblad **Pagina-indeling**.

2 Klik op de keuzepijl bij **Marges**.

3 Kies **Aangepaste marges**…

4 Het venster **Pagina-instelling** opent.

5 Klik op het pijltje bij **Meerdere pagina's**.

6 Klik op **Katern**.

Weet u niet hoeveel vellen uw boekje heeft, klik dan op **Auto**.

7 Klik op het pijltje bij **Vellen per boekje**.

8 Kies: 12

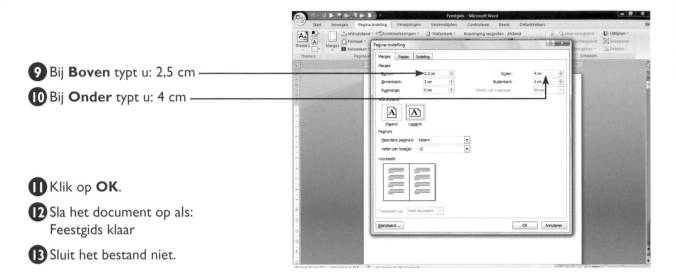

9 Bij **Boven** typt u: 2,5 cm

10 Bij **Onder** typt u: 4 cm

11 Klik op **OK**.

12 Sla het document op als:
Feestgids klaar

13 Sluit het bestand niet.

Afdrukstand

Manier waarop het papier bedrukt wordt, staand of liggend.

U hebt nu een pagina-indeling gemaakt die ervoor zorgt
dat er twee pagina's op één A4-blad afgedrukt zullen
worden. De **afdrukstand** wordt automatisch aangepast op **Liggend**. Door de marges te vergroten is er
meer plaats voor de voettekst die u straks gaat aanbrengen. Bent u van plan om het papier te vouwen, typ dan
de gewenste waarde in het vak **Rugmarge**.

TEKST OPMAKEN MET STIJLEN

In de vorige hoofdstukken hebt u tekst opgemaakt door
vrij te kiezen voor kleuren, lettertypen, lijnen, enzovoort. Echter, wanneer u een boekje samenstelt, moet
u nadenken over een consistente opmaakstijl en ervoor
zorgen dat allerlei titels, stukken tekst, … er gelijk uit-
zien.

Stijl

Of opmaakprofiel. Een verzameling
van opmaakvormen die samen opgeslagen worden onder een naam.

Word maakt het u makkelijk met de optie **Stijlen**. Door
een ingebouwde stijl toe te passen kunt u snel stukken
tekst dezelfde opmaak geven.

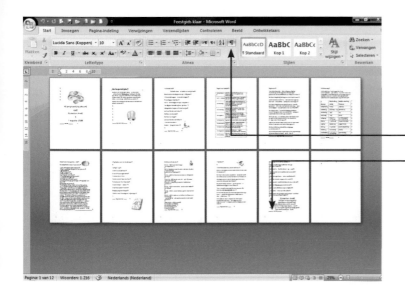

1 Het document staat nog op uw scherm.

2 Zoom uit tot ongeveer 25%.

3 U ziet nu alle 12 pagina's van het boekje.

4 Klik op **Alles weergeven**.

5 U ziet de codes van elk **Pagina-einde**.

Hoewel het lijkt alsof de tekst op A4'tjes staat, zijn het twee kleine pagina's die straks twee aan twee worden afgedrukt op één vel.

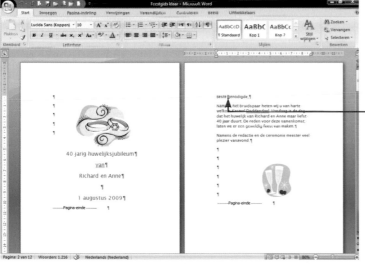

6 Zoom weer in tot ongeveer 80%.

7 U ziet de eerste twee pagina's.

8 Klik middenin de regel: Beste genodigde

9 Ga naar het tabblad **Start**.

10 Klik in de groep **Stijlen** op het vak **Kop 1**.

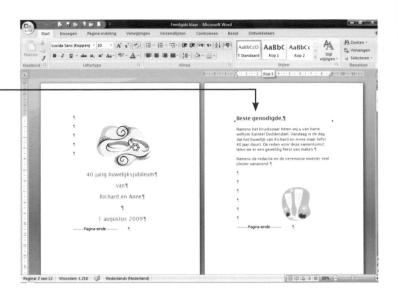

11 De opmaak van de tekstregel verandert.

De groep **Stijlen** toont maar een fractie van alle stijlen. Klik op het kleine blokje met de schuine pijl voor meer mogelijkheden.

Als u een nieuw document begint in Word zal uw gewone tekst altijd de stijl **Standaard** hebben. Dat kunt u nagaan door ergens in een stuk tekst te klikken en dan te kijken naar de groep **Stijlen**. De actieve stijl is omrand.

OPMAAKSTIJL WIJZIGEN

Bent u van plan om een bepaalde stijl vaak toe te passen in uw boekje, maar vindt u dat het nog mooier kan, dan kunt u een bestaande stijl aan uw wensen aanpassen. Zo kunt u bijvoorbeeld van **Kop 1** het lettertype en de tekstkleur veranderen. Denk er wel aan dat uw aanpassing invloed heeft op elke plek in uw document waar die stijl toegepast wordt.

U kunt ook zelf nieuwe stijlen definiëren.

Ga verder met uw geopende document.

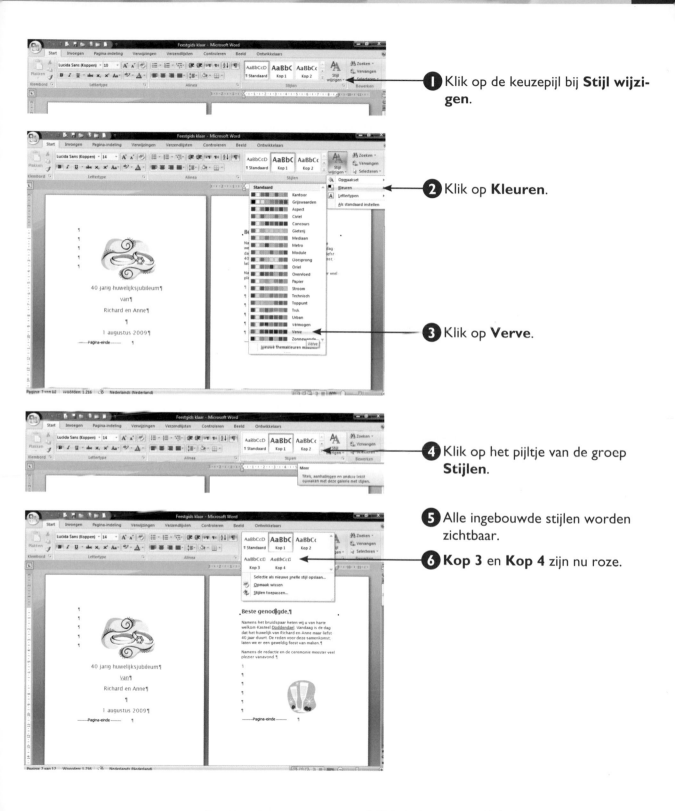

1 Klik op de keuzepijl bij **Stijl wijzigen**.

2 Klik op **Kleuren**.

3 Klik op **Verve**.

4 Klik op het pijltje van de groep **Stijlen**.

5 Alle ingebouwde stijlen worden zichtbaar.

6 **Kop 3** en **Kop 4** zijn nu roze.

En nu gaat u de stijl **Kop 3** nog verder aanpassen.

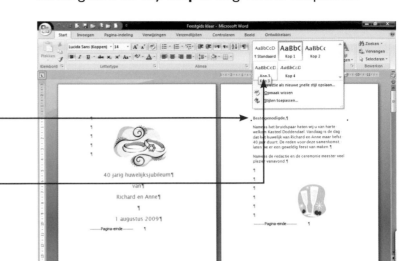

7 Klik in de regel: Beste genodigde

8 Klik op het pijltje van de groep **Stijlen**.

9 Klik op **Kop 3**.

10 De aanhef krijgt een andere kleur.

Alle paragraafkoppen een andere stijl geven

Het is mogelijk om meerdere stukken tekst in één beweging te voorzien van een andere stijl. Selecteer eerst alle teksten waarvan u de opmaakstijl wilt wijzigen.

1 Zoom in tot 30% voor een beter overzicht.

2 Selecteer het titeltje op pagina 3.

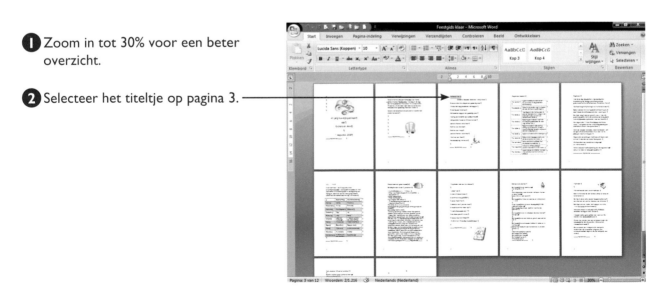

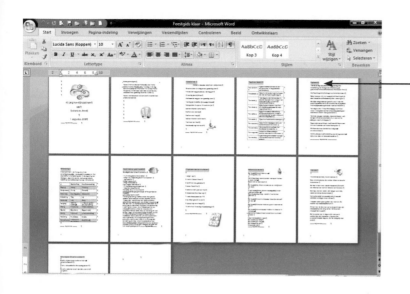

3 Houd de toets [Ctrl] ingedrukt.

4 Selecteer de titeltjes op de volgende pagina's.

5 Ga door tot alle kopjes geselecteerd zijn.

6 Klik bij **Stijlen** op **Kop 3**.

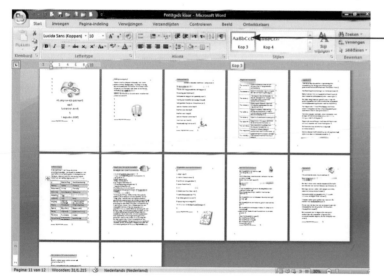

7 Alle koppen zijn nu roze.

Laat het document nog op uw scherm staan, maar sla het tussentijds even op.

EEN INHOUDSOPGAVE CREËREN

Een boekje is pas afgewerkt als het ook een inhoudsopgave heeft. U hoeft gelukkig niet alle titeltjes zelf in een lijst te typen; Word kan automatisch een inhoudsopgave voor u creëren. Voorwaarde is wel dat u alle kopjes voorzien hebt van een stijl. De inhoudsopgave is namelijk verbonden met die stijlen.

1 Zoom in tot 80%.

2 Klik op de laatste, lege pagina.

3 Ga naar het tabblad **Verwijzingen**.

4 Klik op de keuzepijl bij **Inhoudsopgave**.

5 Kies **Automatische inhoudsopgave 1**.

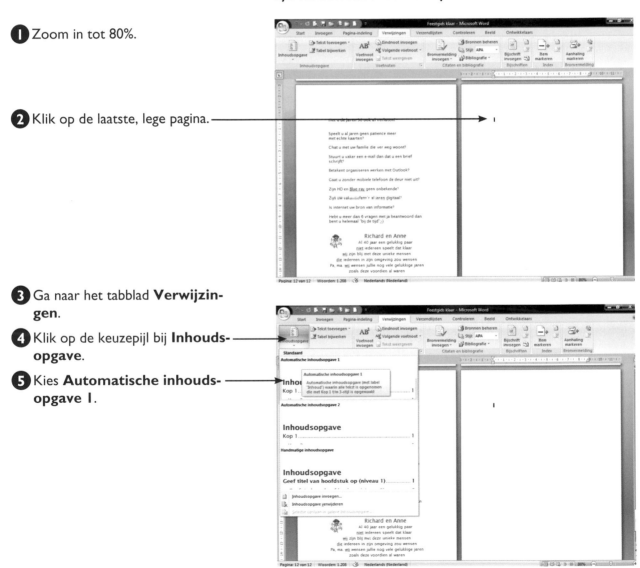

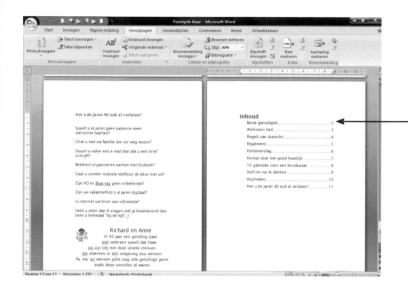

6 De inhoudsopgave verschijnt.

7 De titel, de puntjes en de pagi-nanummers zijn automatisch toe-gevoegd.

8 Sla het document op maar sluit het nog niet.

De inhoudsopgave wijzigen

De inhoudsopgave is niet gewoon een tekst maar een tabel die uit codes is opgebouwd. Hierdoor is het niet mogelijk om zo maar iets uit de inhoudsopgave te wissen. Hebt u nog iets veranderd in uw boekje, dan moet de inhoudsopgave weer worden bijgewerkt. Ga daarvoor naar het tabblad **Verwijzingen** en kies **Tabel bijwerken**.

De inhoudsopgave volledig verwijderen kan via het tabblad **Verwijzingen**. Klik op de keuzepijl bij **Inhoudsopgave** en kies **Inhoudsopgave verwijderen**.

De inhoudsopgave kunt u naar wens opmaken met stijlen.

EEN SIERRAND OM ELKE PAGINA

De pagina's kunt u verfraaien door er een mooie rand omheen te plaatsen. U hebt de keuze uit allerlei lijnen maar ook illustraties.

1 Breng de eerste pagina weer in beeld.

2 Klik op het pijtje bij **Randen en arcering**.

3 Klik op **Randen en arcering**.

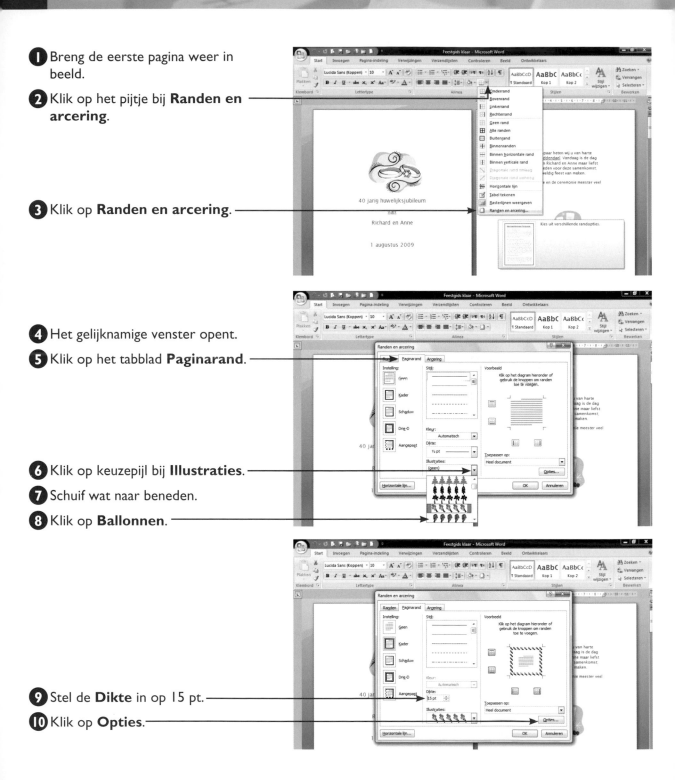

4 Het gelijknamige venster opent.

5 Klik op het tabblad **Paginarand**.

6 Klik op keuzepijl bij **Illustraties**.

7 Schuif wat naar beneden.

8 Klik op **Ballonnen**.

9 Stel de **Dikte** in op 15 pt.

10 Klik op **Opties**.

U gaat er nu voor zorgen dat de sierrand niet te dicht
bij de tekst komt te staan.

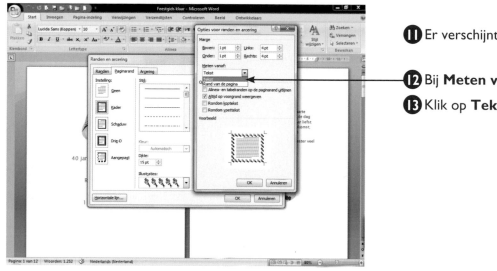

11 Er verschijnt nog een venster.

12 Bij **Meten vanaf** kiest u **Tekst**.

13 Klik op **Tekst**.

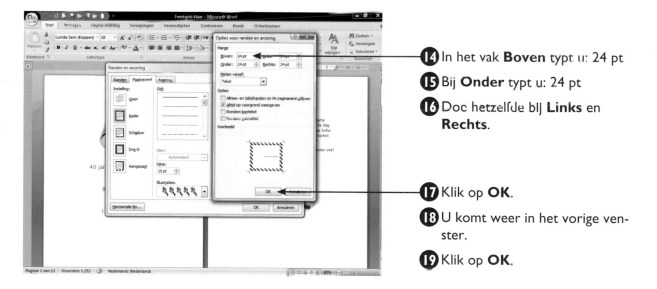

14 In het vak **Boven** typt u: 24 pt

15 Bij **Onder** typt u: 24 pt

16 Doe hetzelfde bij **Links** en
Rechts.

17 Klik op **OK**.

18 U komt weer in het vorige venster.

19 Klik op **OK**,

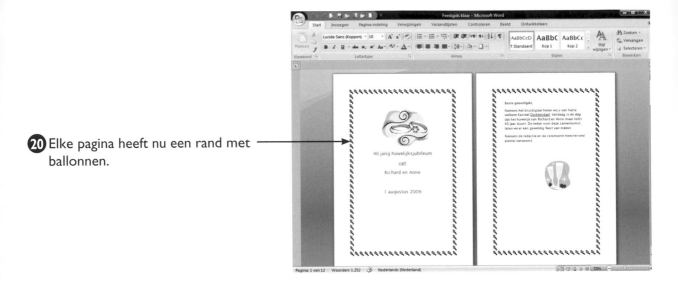

20 Elke pagina heeft nu een rand met ballonnen.

Wilt u de rand verwijderen, open dan weer het dialoog-venster **Randen en arcering**. Klik op het tabblad **Paginarand** en bij **Instelling** klikt u op **Geen**.

Voetteksten aanbrengen

In een kop- of voettekst kunt u enkele woorden of een zin typen, een datum en/of een paginanummer. Deze informatie wordt dan op elke pagina van uw document afgedrukt. Het is wel mogelijk om op de even en oneven pagina's afwisselend een andere tekst te zetten.

Dat gaan we doen in de volgende oefening. We geven de voetteksten bovendien een mooie stijl en zorgen er tevens voor dat er op de eerste pagina geen voettekst komt te staan.

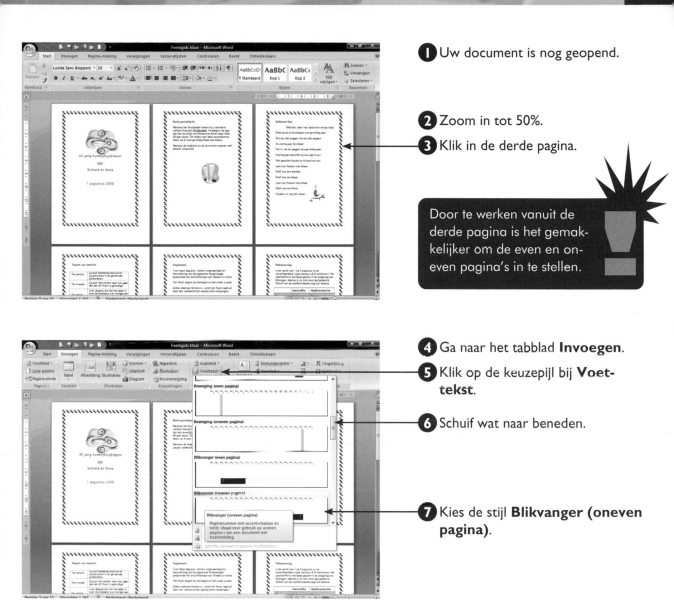

1 Uw document is nog geopend.

2 Zoom in tot 50%.

3 Klik in de derde pagina.

Door te werken vanuit de derde pagina is het gemak-kelijker om de even en on-even pagina's in te stellen.

4 Ga naar het tabblad **Invoegen**.

5 Klik op de keuzepijl bij **Voet-tekst**.

6 Schuif wat naar beneden.

7 Kies de stijl **Blikvanger (oneven pagina)**.

De stijl van de voettekst is gemaakt met een rij van een tabel. Hierdoor ziet u op het lint tweemaal de tabbladen **Ontwerpen** en **Indeling**.

8 Op de bladen staat nu overal code.

9 U ziet ook de voettekststijl.

10 Ga naar het tabblad **Ontwerpen**.

11 Klik in het vakje **Eerste pagina afwijkend**.

12 Vink ook **Even en oneven pagina's verschillend** aan.

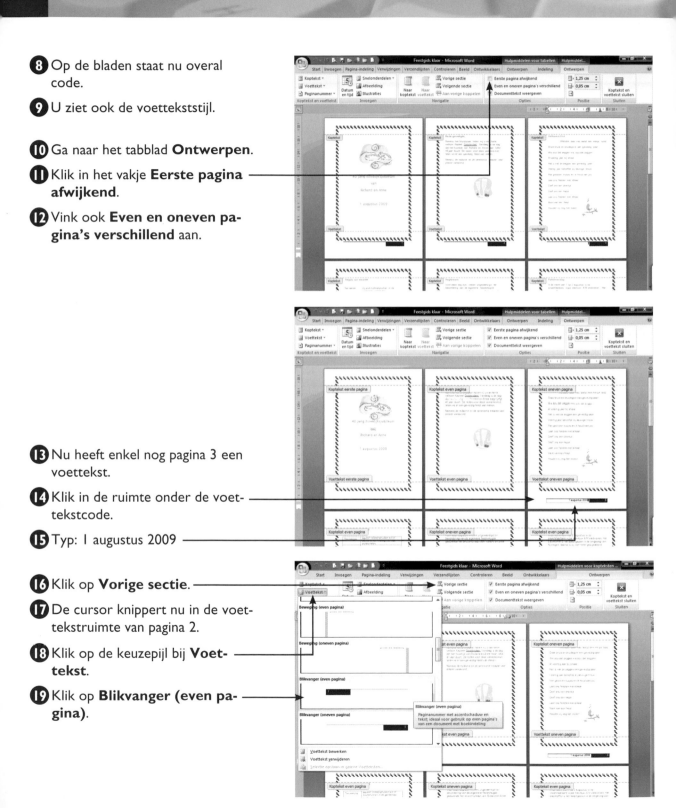

13 Nu heeft enkel nog pagina 3 een voettekst.

14 Klik in de ruimte onder de voettekstcode.

15 Typ: 1 augustus 2009

16 Klik op **Vorige sectie**.

17 De cursor knippert nu in de voettekstruimte van pagina 2.

18 Klik op de keuzepijl bij **Voettekst**.

19 Klik op **Blikvanger (even pagina)**.

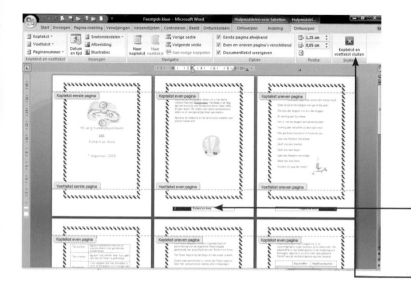

20 Klik op de juiste plek in de voettekst.

21 Typ: Richard en Anne

22 Alle pagina's zijn nu voorzien van voetteksten.

23 Klik op **Koptekst en voettekst sluiten**.

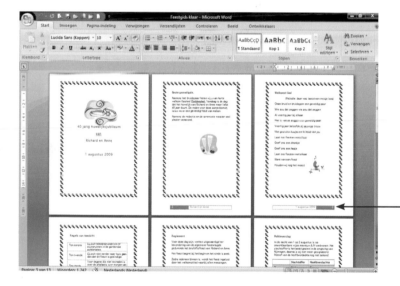

24 De voetteksten worden gedimd weergegeven.

25 Pagina 1 heeft geen voettekst.

Wilt u achteraf snel weer de voettekst aanpassen, dan dubbelklikt u op de betreffende pagina in de voettekst. U kunt nu tekst wissen of veranderen. Om de voettekst helemaal te verwijderen klikt u op de keuzepijl bij **Voettekst** en kiest u voor **Voettekst verwijderen**.

Uw boekje afdrukken

Het jubileumboekje is nu klaar om te worden afgedrukt. U gaat eerst alle pagina's printen die op de ene zijde van het papier komen; daarna draait u de stapel papier om en bedrukt de achterzijde van de vellen.

1 Klik op de **Office-knop**.

2 Klik op **Afdrukken**.

3 Klik nog eens op **Afdrukken**.

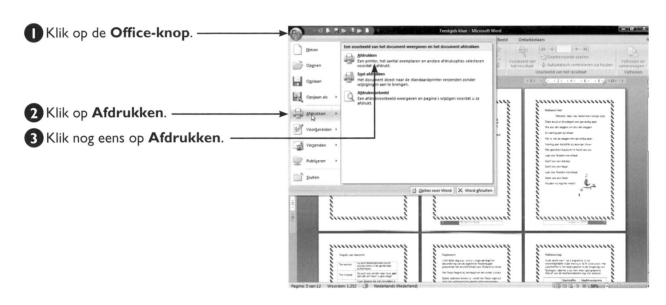

4 Het dialoogvenster **Afdrukken** opent.

5 Vink **Handmatig dubbelzijdig** aan.

6 Klik op **OK**.

7 De voorzijde van alle pagina's wordt afgedrukt.

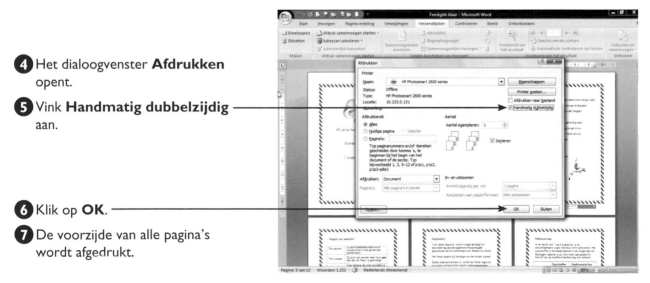

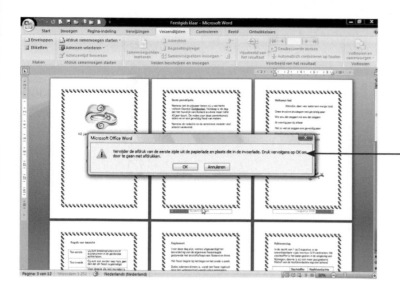

De pagina's worden in een zodanige volgorde afgedrukt dat na het vouwen een boekje ontstaat met de juiste nummering.

8 Daarna verschijnt er een waarschuwingsvenster.

9 Leg de vellen nu omgekeerd in de printer.

10 Klik op **OK**.

Alle achterzijden worden afgedrukt. Vouw de pagina's tot een boekje. Plaats nietjes in de vouw of bind de pagina's samen met een lint.

AFSLUITING

In dit hoofdstuk hebt u een klein boekje samengesteld. U leerde werken met de stijlen van Word. Voor een professionele afwerking voegde u paginanummers en een inhoudsopgave toe. Deze elementen kunt u natuurlijk ook aanbrengen in uw andere teksten, zoals verslagen of rapporten.

Veel gestelde vragen

Kan ik ook plaatjes in de kop- of voettekst plaatsen?

U kunt foto's, illustraties of vormen in de kop- of voettekst plaatsen. Bedenk wel dat deze op elke pagina worden herhaald.

Er verschijnen opeens lege pagina's in mijn boek!

Misschien hebt u ergens nog een lege regel invoegd, een extra stuk tekst getypt of een alinea verwijderd. Zulke aanpassingen kunnen ervoor zorgen dat uw tekst verschuift en dat bepaalde onderdelen in uw document doorgeschoven worden naar de volgende pagina. Hierdoor kunnen er ongewenste witte ruimtes of zelfs ganse blanco pagina's ontstaan.

Maak de codes zichtbaar met een klik op **Alles weergeven** en controleer of alles nog wel op een pagina past. Maak indien nodig enkele correcties in uw document.

10

DE BESTE

• • • • • • •

TER WERELD

dit certificaat wordt toegekend aan:

[Typ hier de naam van de ontvanger]

uit waardering voor

[Typ hier uw tekst]

Datum

HANDIG WERKEN MET SJABLONEN

- Werken met ingebouwde sjablonen
- Een sjabloon aanpassen
- Opslaan als sjabloon
- Sjablonen downloaden

HANDIG WERKEN MET SJABLONEN

Het creëren van een leuke wenskaart, kalender of boekje kan veel tijd in beslag nemen, vooral als u veel opmaak aanbrengt en instellingen aanpast. Om u wat werk uit handen te nemen biedt Word u handige sjablonen aan.

Sjabloon
Soort halffabricaat dat u snel en makkelijk naar eigen smaak kunt ombouwen.

HOE ZIET EEN SJABLOON ERUIT?

Een **sjabloon** ziet eruit als een gewoon document, maar dan eentje waar al elementen in zijn opgenomen. De meeste sjablonen van Word zijn voorzien van tekst, tabellen, vormen, lijnen, invoervakken en stijlen. Zodra u op zo'n tekstvak, illustratie of vorm klikt, krijgt dit element formaatgrepen en verschijnt het tabblad **Opmaak**. Vaak bevat zo'n ingebouwd vak ook een korte duiding of gebruiksinstructie. Deze toelichtingen verdwijnen zodra u erin klikt en uw eigen tekst typt.

EEN SJABLOON OPENEN

Een sjabloon opent u op gelijkaardige manier als een gewoon document. Daarna kunt u het naar wens aanpassen. Bent u klaar, dan slaat u het sjabloon op als een normaal document met een zelfgekozen naam. Zo blijft het originele sjabloon bewaard voor later gebruik.

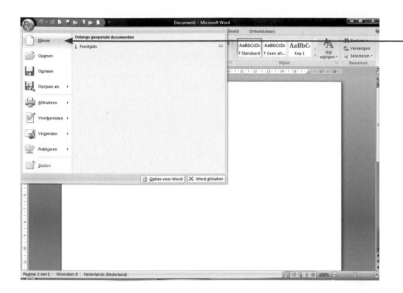

1 Klik op de **Office-knop**.

2 Klik op **Nieuw**.

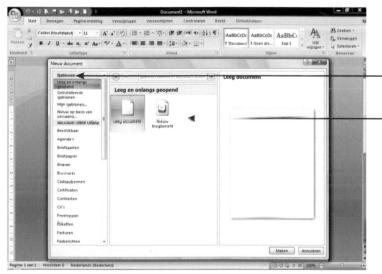

3 Het venster **Nieuw document** verschijnt.

4 Bovenaan links ziet u de rubriek **Sjablonen**.

5 In het midden staan de sjablonen die recent gebruikt zijn.

U ziet dat **Leeg document** een sjabloon is. Dus telkens wanneer u een nieuw document begint, opent er eigenlijk een sjabloon. In het sjabloon **Leeg document** zijn enkele instellingen vastgelegd, zoals het standaard lettertype, de zwarte tekstkleur, een vaste regelafstand, enzovoort. U kunt nu natuurlijk op zoek gaan naar andere sjablonen, die wél voorzien zijn van ingebouwde elementen.

Onlangs gebruikte sjablonen kunt u snel openen met een dubbelklik.

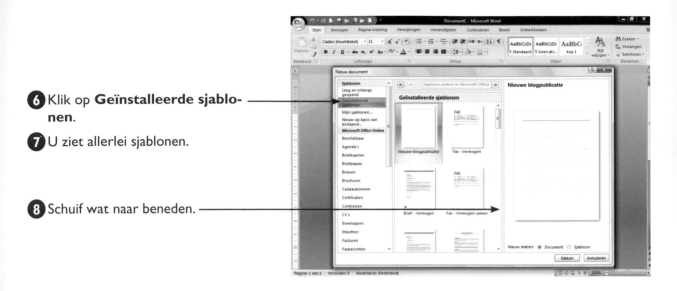

6 Klik op **Geïnstalleerde sjablonen**.

7 U ziet allerlei sjablonen.

8 Schuif wat naar beneden.

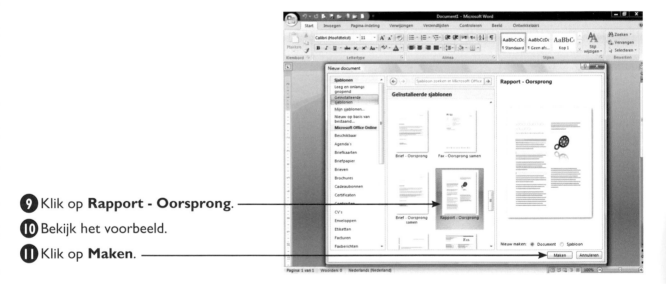

9 Klik op **Rapport - Oorsprong**.

10 Bekijk het voorbeeld.

11 Klik op **Maken**.

Onder het voorbeeld ziet u twee keuzerondjes: **Document** en **Sjabloon**. Hier kunt u nog bepalen of u het
sjabloon als document of als sjabloon wilt openen.

Verder bewerken als document

12 Het sjabloon opent nu als een document.

13 U ziet allerlei vakken en lijnen.

14 Klik op **[Geef de titel van het document op]**.

15 Dit invoervak wordt geselecteerd.

16 Typ uw eigen tekst.

17 De tekst verschijnt in het vak.

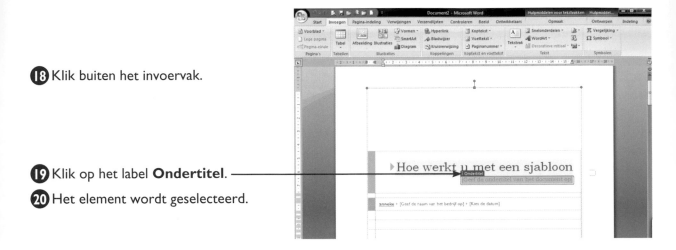

18 Klik buiten het invoervak.

19 Klik op het label **Ondertitel**.

20 Het element wordt geselecteerd.

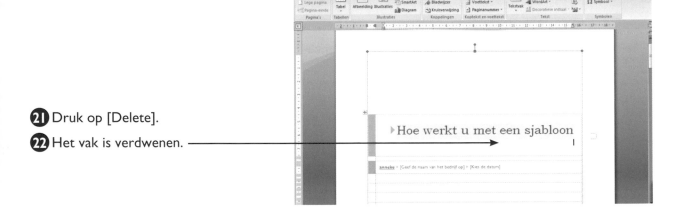

21 Druk op [Delete].

22 Het vak is verdwenen.

23 Bekijk de volgende pagina's.

24 Sla het document op en sluit het.

Het sjabloon zelf blijft ongewijzigd. Wilt u het later nog eens gebruiken, dan zult u het waarschijnlijk vinden bij **Leeg en onlangs geopend** in het venster **Nieuw document**.

Opslaan als sjabloon

Het gekozen sjabloon hebt u gewijzigd en bewaard als een eigen document. U kunt uw aanpassingen echter ook opslaan als sjabloon. Zo kunt u later snel een nieuwe brief of een nieuw rapport maken met de opmaak die u al eens eerder hebt vastgelegd.

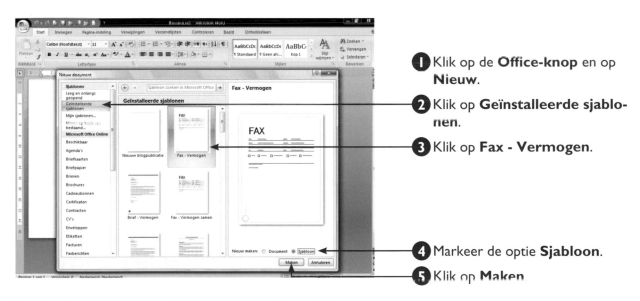

① Klik op de **Office-knop** en op **Nieuw**.

② Klik op **Geïnstalleerde sjablonen**.

③ Klik op **Fax - Vermogen**.

④ Markeer de optie **Sjabloon**.

⑤ Klik op **Maken**.

De fax bestaat uit een tabel en invoervakken. Selecteer alles met [Ctrl]+[A].

6 Kies als het lettertype: Tahoma

7 Kies als tekstkleur: blauw

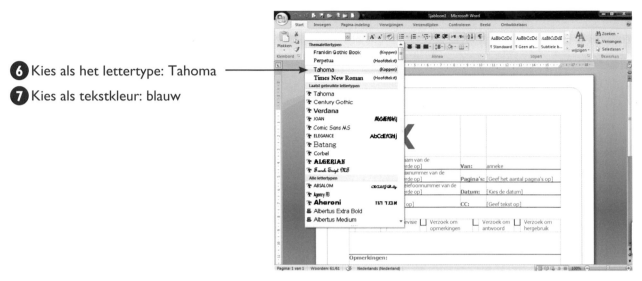

8 Klik op **Opslaan**.

9 Het venster **Opslaan als** opent.

10 Standaard is de map **Sjablonen** geopend.

11 Typ als naam: Mijn sjabloon

12 Klik op **Opslaan**.

13 Sluit het document.

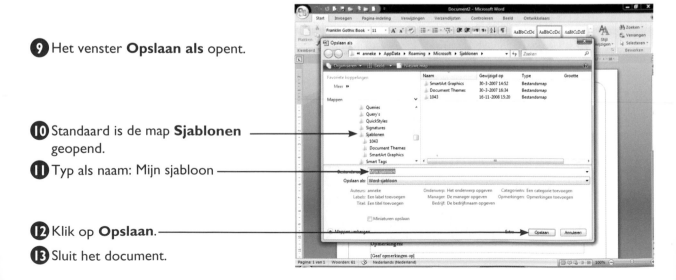

U hebt nu een bestaand sjabloon aangepast met andere opmaak. De werkwijze is net zoals in de voorgaande hoofdstukken; alleen bij het opslaan werd voor de map **Sjablonen** gekozen.

Uw eigen sjabloon openen

We bekijken nu waar uw sjabloon te vinden is en gaan het openen als document.

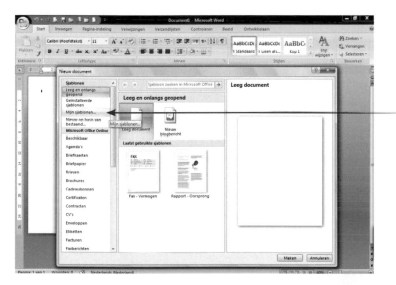

1 Klik op de **Office-knop** en op **Nieuw**.

2 Klik op **Mijn sjablonen**.

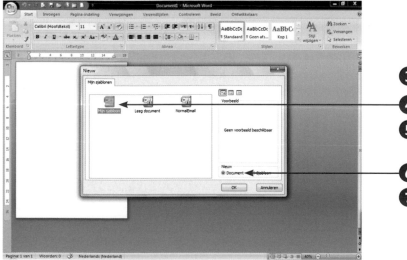

3 Het venster **Nieuw** opent.

4 U ziet **Mijn sjabloon** staan.

5 Klik erop.

6 Kijk of **Document** aangestipt is.

7 Klik op **OK**.

8 Het sjabloon opent, maar nu als document.

9 Vul het aan of wijzig het. ────────→

10 Sluit het document.

Een zelf gemaakt sjabloon kunt u zo vaak openen en opslaan als document. Immers, het sjabloon zelf wordt niet gewijzigd; het document dat u ervan maakt wél.

SJABLONEN DOWNLOADEN

In het venster **Nieuw document** staat er links nog een tweede rubriek: **Microsoft Office Online**. Hier vindt u nog meer sjablonen, ondergebracht in diverse categorieën waaruit u kunt kiezen.

Let wel: de sjablonen in deze rubriek kunt u enkel via het internet ophalen of **downloaden**. Voor deze oefening moet u dus over een internetverbinding beschikken.

Downloaden
Foto's, muziek, fimpjes, enzovoort van het internet kopiëren naar de vaste schijf van uw computer.

1 Klik op de **Office-knop** en dan op **Nieuw**.

2 Het venster **Nieuw document** opent.

3 Klik op de categorie **Cadeau-bonnen**.

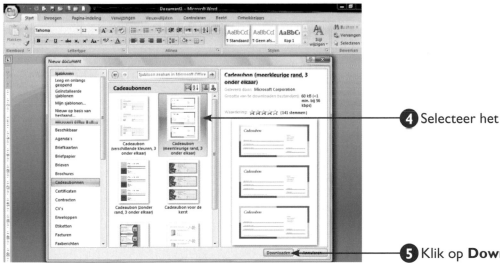

4 Selecteer het tweede sjabloon.

5 Klik op **Downloaden**.

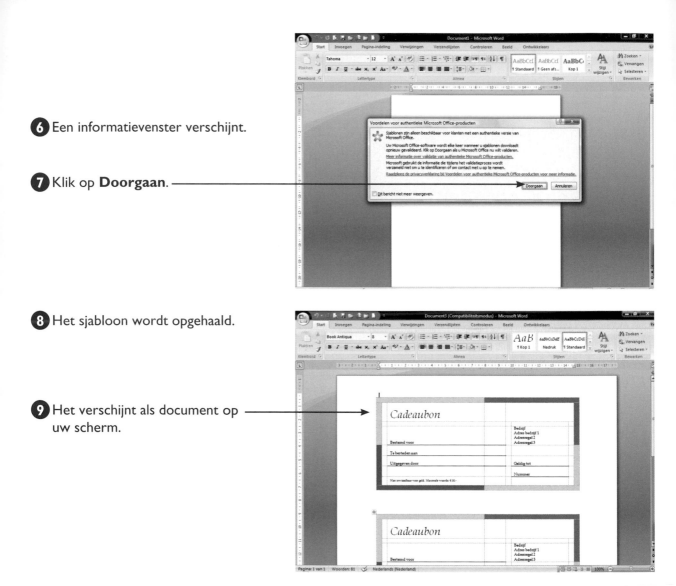

6 Een informatievenster verschijnt.

7 Klik op **Doorgaan**. ———

8 Het sjabloon wordt opgehaald.

9 Het verschijnt als document op ——— uw scherm.

De cadeaubon kunt u nu naar wens bewerken: typ uw tekst in, pas de opmaak aan, enzovoort. Druk het resultaat af en sla het sjabloon op als document of als sjabloon. Het staat dan voortaan op uw vaste schijf.

KANT-EN-KLARE DOCUMENTEN

Hebt u geen internetverbinding en wilt u toch een cadeaubon of een certificaat maken, dan kunt u aan de
slag gaan met enkele oefenbestanden op de cd-rom bij
dit boek.

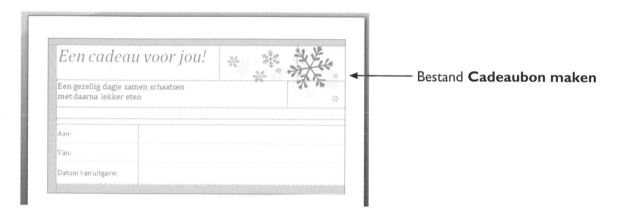

Bestand **Cadeaubon maken**

Bestand **Certificaat maken**

Bestand **Bagagelabels maken** ———→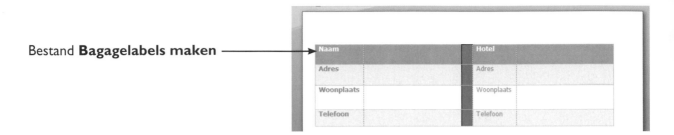

AFSLUITING

Met dit hoofdstuk bent u aan het einde van het boek gekomen. U hebt leren typen en corrigeren in Word, u leerde uw werk te bewaren en u speelde met opmaak, met stijlen en met sjablonen. De meeste bewerkingen kunt in elk project uitvoeren. Wij wensen u veel creatief plezier!

Veel gestelde vragen

Kan ik zelf een sjabloon maken?

Dat kan door te beginnen met een leeg document en dit als sjabloon op te slaan. Klik op de Office-knop en dan op **Nieuw**. Kies **Leeg document** en bevestig met een klik op **Maken**. Wijzig eventueel de pagina-indeling, de stijlen en andere opmaakkenmerken. Als u klaar bent, klikt u weer op de Office-knop en kiest u voor **Opslaan als**. Bedenk een bestandsnaam voor uw nieuwe sjabloon, selecteer **Word-sjabloon** in de lijst **Opslaan als** en klik vervolgens op **Opslaan**. Sluit het sjabloon.

Ik kan geen sjablonen downloaden!

Mogelijk hebt u geen verbinding met het internet. Het kan ook zijn dat uw versie van Word niet legaal is.

Ik zou willen dat elk nieuw document standaard een ander lettertype heeft.

In dat geval moet u het sjabloon met de naam **Normal** aanpassen. Let wel: deze wijziging heeft vergaande gevolgen. Doe dit enkel als u heel zeker weet wat u doet.

hoy

hoy¹ (hɔɪ) *interj* a cry used to attract attention or drive animals. [C15 – < MDu. *hoei*]

hoy² (hɔɪ) *n* [C14 var. of HEY]

hoya ('hɔɪə) *n* any plant of the waxplant genus *Hoya*. [C19 after Thomas *Hoy* (died 1821), E gardener]

hoyden or **hoiden** ('hɔɪd³n) *n* a wild boisterous girl. tomboy. — **hoydenish** or **hoidenish** *adj* [C16; perhaps < MDu. *heiden* heathen]

Hoyle (hɔɪl) *n* an authoritative book of rules for card games. [after Sir Edmund *Hoyle* (1672–1769), E authority on games, its compiler]

H.P. *abbrev. for* 1. *Brit* hire purchase. 2. Also: **hp** horsepower. 3. high pressure. 4. (in football)

hr hr *hg*

H.Q. *h.q.*

hr hr hr

H.R.H.

H.S.

H.S.H.

H.T.

ht

hub *n*

hubble hubble

huhu

huh

huhu

hui

hula

hula-hula

hula-hula

Hula Hoop *n Trademark*

hulk

humble – **humble** *adj* 1. conscious of one's failings. 2. unpretentious. low, a humble cottage. 3. deferential or servile. — *vb* 4. to lower in status or condition. [C13 – humble pie]

humbleness *n* — **humbly** *adv*

humblebee *n* another name for the **bumblebee**. [C13]

humble pie *n* 1. a pie made from the heart, entrails etc. of a deer. 2. **eat humble pie**, to be forced to behave humbly, be humiliated. [C17 – a humble pie by mistaken word from *numbles* offal of a deer]

humbug ('hʌmˌbʌg) *n* 1. a person or thing that deceives. 2. nonsense. 3. *Brit* a hard-boiled sweet usually having a striped pattern. — *vb* 4. to cheat or deceive. — **hum-bugger** *n*

humdinger ('hʌmˌdɪŋə) *n* an excellent person or thing. [C20 – ?]

humdrum ('hʌmˌdrʌm) *adj* 1. ordinary, dull. — *n* 2. monotonous routine task or person. [C16 rhyming compound, prob. based on *hum*]

humectant (hjuːˈmɛktənt) *adj* 1. producing moisture. — *n* 2. a substance added to another to keep it moist. [C17 – humectare to moist]

humerus ('hjuːmərəs) *n* *pl* **humeri** the bone that extends from the shoulder to the elbow in man. 2. the corresponding bone in vertebrates. [C17 – L humerus var. of umerus shoulder]

humid ('hjuːmɪd) *adj* moist, damp. — **humidness** *n*

humidify (hjuːˈmɪdɪfaɪ) *vb*

humidity (hjuːˈmɪdɪtɪ) *n*

cultural movement of the Renaissance based on classical studies. 3. interest in the welfare of people. — **humanist** *n*. — **human'istic** *adj.*

humanitarian (hjuːˌmænɪˈtɛərɪən) *adj.* 1. having the interests of mankind at heart. — *n.* 2. a philanthropist. — **hu·man·i·tar·ian·ism** *n.*

humanity (hjuːˈmænɪtɪ) *n. pl.* **-ties** 1. the human race. 2. the quality of being human. 3. kindness or mercy. 4. (*pl.*) (usually preceded by *the*) the study of literature, philosophy and the arts, esp study of Ancient Greece and Rome.

humanize or **-nise** ('hjuːmənaɪz) *vb* 1. to make or become human. 2. to make or become humane. — **humani'zation** or **-ni'sation** *n.*

humankind (ˌhjuːmənˈkaɪnd) *n.* the human race. humanity

humanly ('hjuːmənlɪ) *adj* 1. by human powers or means. 2. in a human or humane manner.

human nature *n* the qualities common to humanity, esp with reference to human weakness.

humanoid ('hjuːmənɔɪd) *adj* 1. like a human. 2. (of primitive man) having human characteristics. — *n.* 3. (in science fiction) a robot or creature resembling a human being.

human rights *pl n* the rights of individuals to liberty, justice etc.

humble – **humble** *adj* 1. conscious of one's failings.

humbug

humdinger

hummingbird ('hʌmɪŋˌbɜːd) *n* a very small American bird having a brilliant iridescent plumage, long slender bill, and wings specialized for very powerful vibrating flight.

hummock ('hʌmək) *n* 1. a hillock; knoll. 2. a southern U S a wooded area lying above the level of an adjacent marsh. [C16 <?; cf. HUMP] — **hummocky** *adj.*

humoral ('hjuːmərəl) *adj.* Obs. of or relating to the four bodily fluids (humours).

humoresque (ˌhjuːməˈrɛsk) *n* a short lively piece of music. [C19 – < G Humoreske, ult. < HUMOUR]

humorist ('hjuːmərɪst) *n* a person who acts, speaks, or writes in a humorous way.

humorous ('hjuːmərəs) *adj.* 1. funny; comical; amusing. 2. displaying or creating humour. — **humorously** *adv* — **humorousness** *n.*

humour or U.S. **humor** ('hjuːmə) *n.* 1. the quality of being funny. 2. Also called: **sense of humour** the ability to appreciate or express that which is humorous. 3. situations, speech, or writings that are humorous. 4. a state of mind; mood. 5. **b.** (**in combination**). good humour. 6. temperament or disposition. good humour. 5. whim. 7. any of various fluids in the body; aqueous humour. 8. a caprice. 9. Arch. Also called: cardinal humour. any of the four bodily fluids; cardinal phlegm, choler or yellow bile; melancholy or black bile) formerly thought to determine emotional and physical disposition. 8. out of humour. in a bad mood. 9. — *vb* (tr.) 10. to gratify; indulge. he humoured the boy's whims. 11. to adapt oneself to someone's fantasies.
— **humoured** *adj.* — **humourless** or U.S. **humorless** *adj.*

hump (hʌmp) *n.* 1. a rounded protuberance or projection. 2. a rounded deformity of the back; consisting of a spinal curvature. 3. a rounded protuberance on the back of a camel or related animal. 4. **the hump**. *Brit inf* a fit of sulking or depression. — *vb* 5. to form or become a hump. 6. (tr.) to carry or heave. 7. *taboo* to have sexual intercourse with. — **humpy** *adj.*

humpback ('hʌmpˌbæk) *n.* 1. another word for **hunchback**. 2. Also (esp U.S.): **humpback whale**. a large whalebone whale with a humped back and long flippers. 3. a Pacific salmon the male of which has a humped back. — **humpbacked** *adj.*

humph (hmf) *interj* an exclamation.

Humpty Dumpty ('hʌmptɪ 'dʌmptɪ) *n.* 1. a short fat person. 2. a person or thing that has broken and cannot be mended. [C18 – nursery rhyme figure (humpty)]

humus ('hjuːməs) *n.*

hunch (hʌntʃ) *n.* 1. a feeling or premonition. — *vb* 2. to draw up or arch. [C16]

hunchback ('hʌntʃˌbæk) *n.* 1. a person with an abnormal curvature of the spine. 2. the hump itself.

WOORDVERKLARING

- Computerjargon in een notendop

- Kernachtig en kort uitgelegd

- Alfabetisch gerangschikt

WOORDVERKLARING

A4
Standaardformaat van een vel papier, ongeveer 29,5 x 21 cm.

AFDRUKVOORBEELD
Realistische weergave op het scherm waarop u ziet hoe een document zal worden afgedrukt.

BACKSPACE
Toets die het teken links van de invoegcursor verwijdert.

BEELDPUNT
Of pixel. Kleinste eenheid of stip op een scherm of printer.

BESTAND
Een tekst, lijst, presentatie, foto, … die iemand gemaakt of bewerkt heeft op de computer.

BEWERKINGSGEBIED
Het grote witte vlak in het Word-venster. Hierin typt u de tekst en plaatst u objecten zoals foto's, illustraties, vormen, …

BRANDEN
Het kopiëren van gegevens op een cd-rom of dvd.

CAPS LOCK
Toets die de hoofdletterinvoer van het toetsenbord vastzet.

DELETE
Algemene wistoets. Verwijdert het teken rechts van de invoegcursor.

DOCUMENT
Bestand dat gemaakt is met de tekstverwerker Word.

DOWNLOADEN
Programma's, bestanden, muziek, enzovoort van het internet kopiëren naar de harde schijf van uw computer.

DUBBELKLIKKEN
Twee keer snel na elkaar klikken met de linker muisknop.

ENTER
Toets waarmee u een opdracht bevestigt of waarmee u een nieuwe tekstregel begint.

EXCEL
Het rekenprogramma van Microsoft.

HYPERLINK
Een doorverwijzing naar een andere webpagina. Komt vaak voor in de vorm van een blauw, onderstreept stukje tekst.

INKJETPRINTER
Printer met inktpatroon waar hele kleine druppeltjes inkt uitkomen.

INTERNET
Wereldwijd netwerk van computers.

INVOEGCURSOR
Knipperend streepje dat de plek aangeeft waar tekens van het toetsenbord zullen verschijnen.

KLIKKEN
Eén keer klikken met de linker muisknop.

LASERPRINTER
Een type printer die niet met inkt drukt maar met een soort poeder.

LIGGEND
Of Landscape. Manier van afdrukken waarbij de tekst leesbaar wordt wanneer u het vel 90° draait.

MICROSOFT
De maker van alom bekende computertoepassingen als Windows en Office.

MUISCURSOR
Symbool dat de plek aangeeft waar de muisaanwijzer zich bevindt. Vaak een pijltje maar kan ook een andere vorm krijgen.

OPMAAK
Stijl of combinatie van elementen die een tekst visueel aantrekkelijk maken.

PIXEL
Beeldpunt.

RECHTSKLIKKEN
Eén keer klikken met de rechter muisknop.

REGELAFSTAND
De afstand tussen twee tekstregels.

SELECTEREN
Iets op het scherm aanklikken of iets markeren door er over te slepen.

SHIFT
Toets die gebruikt wordt om hoofdletters te maken en speciale tekens te typen.

SJABLOON
Een soort stramien dat u kunt gebruiken als uitgangspunt voor een eigen project of ontwerp. Een sjabloon kunt u volledig naar wens aanpassen en bijwerken.

SLEPEN
Aanklikken en met ingedrukte linker muisknop bewegen.

SNELTOETS
Combinatie van toetsen waarmee een opdracht aan de computer wordt gegeven.

SOFTWARE
De programma's op uw computer, bijvoorbeeld een programma om foto's te bekijken of een tekstverwerker om brieven op te stellen.

STIJL
Combinatie van opmaakelementen die opgeslagen zijn onder een bepaalde naam.

TEKEN
Computertaal voor een letter, cijfer, leesteken enzovoort. Ook een spatie wordt beschouwd als een teken.

Toepassing

Andere naam voor programma.

Vaste schijf

Of harde schijf. Ruimte waar het besturingssysteem, programma's en gebruikersgegevens permanent bewaard worden.

Venster

Een werkruimte waarbinnen u uw taken gaat uitvoeren.

Windows

Het besturingssysteem dat ervoor zorgt dat alle componenten van uw computer (hardware en software) met elkaar kunnen communiceren en samenwerken. Bijvoorbeeld Windows Vista.

INDEX

z

Computeren met Excel 2007 voor senioren

Begin bij het begin!

Excel is een nuttig rekenprogramma waarmee u heel veel kunt doen: totalen en trends berekenen, uw huishoudelijk budget beheren, een begroting opstellen, grafieken maken, enzovoort. Het programma ziet eruit als een groot ruitjesvel waarin u kunt typen en gebruik maken van ingebouwde rekenopties!

Dit boek vormt daarbij uw ideale hulp. Stap voor stap leert u hoe u alle handelingen moet verrichten. Aan de hand van kleurenillustraties en makkelijke oefeningen leert u op uw eigen tempo computeren met Excel.

Wat leert u in dit boek?

* Een werkblad vullen met cijfers en totalen
* Uw inkomsten en uitgaven correct beheren
* Rekenen met formules
* Een Excel-tabel kleurrijk en overzichtelijk opmaken
* Getallen omtoveren tot fraaie grafieken
* Afdrukken: tabellen en grafieken

Waarom is dit boek voor u bedoeld?

* Ervaring en voorkennis zijn niet nodig
* De uitleg is helder en eenvoudig
* Tips en waarschuwingen zeggen u heel duidelijk wat wel en niet mag
* In de praktische opdrachten volgt u stap voor stap de juiste handelingen
* Elke fase van de oefening wordt ondersteund met afbeeldingen van het computerscherm, volledig in kleur!

Op de cd-rom:

Tal van voorbeeldtabellen om mee te oefenen, ideaal om de geïllustreerde stappenplannen in het boek mee te volgen!

ISBN: 978-90-456-4468-4
256 pagina's
22,50 €

Computeren met Office 2007 voor senioren

Begin bij het begin!
Ervaring en voorkennis zijn niet nodig.
Om echt te kunnen computeren moet uw computer uitgerust zijn met een aantal programma's.
Met MS Office 2007 hebt u een gebruiksvriendelijk totaalpakket in huis om dagdagelijkse kantoortaken te volbrengen. Is Office dan niet bedoeld voor professionals in een kantooromgeving? Helemaal niet! MS Office 2007 gebruikt u om teksten te typen, berekeningen te maken, e-mails te versturen, enzovoort...
In dit boek ontdekt u hoe Office 2007 inzet voor praktische en leuke dingen! In heldere taal en met duidelijke voorstellingen krijgt u zicht op de werking van Word, Excel, Outlook en PowerPoint. Stap voor stap leert u hoe u alle handelingen moet verrichten. Dankzij de vele kleurenillustraties en korte uitleg leert u werken met Office 2007, en dat op uw eigen tempo!

Wat leert u in dit boek?
- Teksten typen met de tekstverwerker Word
- E-mailen met Outlook
- Tekst opmaken en foto's integreren
- Een foto-album of presentatie maken in PowerPoint
- Berekeningen uitvoeren met Excel
- Afspraken beheren in een elektronische agenda

Waarom is dit boek voor u bedoeld?
- Ervaring en voorkennis zijn niet nodig
- De uitleg is helder en eenvoudig
- Tips en waarschuwingen zeggen u heel duidelijk wat wel en niet mag
- In de praktische opdrachten volgt u stap voor stap de juiste handelingen
- Elke fase van de oefening wordt ondersteund met afbeeldingen van het computerscherm,
- volledig in kleur!

ISBN: 978-90-456-4392-2
264 pagina's
24,95 €

Computeren met Windows Vista voor senioren

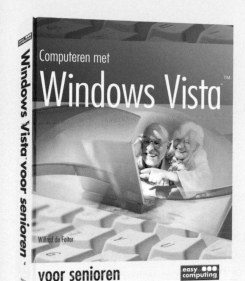

Begin bij het begin!
Ervaring en voorkennis zijn niet nodig.
U hebt een pc en u hebt zin om er leuke dingen mee te doen: een brief schrijven, uw foto's bekijken, e-mailen of surfen op het internet! Alleen… u hebt geen voorkennis en wilt echt helemaal van nul beginnen.
Geen probleem! In dit boek verkent u op uw eigen tempo de mogelijkheden van uw pc en verwerft u de basisvaardigheden. Elk onderwerp wordt omgezet in een praktische opdracht en iedere oefening wordt stap voor stap ontleed.

Wat leert u in dit boek?
- De computer aan- en uitzetten
- Met muis en toetsenbord werken
- Brieven en teksten opstellen
- Surfen op het internet
- E-mails versturen
- Programma's starten en gebruiken
- En… u uitdrukken in de taal van computers!

Waarom is dit boek voor u bedoeld?
- Ervaring en voorkennis zijn niet nodig
- De uitleg is helder en eenvoudig
- Tips en waarschuwingen zeggen u heel duidelijk wat wel en niet mag
- In de praktische opdrachten volgt u stap voor stap de juiste handelingen
- Elke fase van de oefening wordt ondersteund met afbeeldingen van het computerscherm, volledig in kleur!

ISBN: 978-90-456-3913-0
324 pagina's
22,50 €

Computeren met Laptops voor senioren

Begin bij het begin!
Ervaring en voorkennis zijn niet nodig.
U hebt een draagbare pc en u hebt zin om er leuke dingen mee te doen: een brief schrijven, uw foto's bekijken, contact maken met vrienden via e-mail of surfen op het internet!
Alleen… u hebt geen voorkennis en wilt echt helemaal van nul beginnen.
Geen probleem! Om met een laptop aan de slag te gaan, hoeft u echt niet alle geheimen ervan te kennen. Dit boek wijst u doorheen de basisvaardigheden. Bovendien verkent u op uw eigen tempo de mogelijkheden van uw notebook. In dit boek wordt elk onderwerp omgezet in een praktische opdracht. Elk proces wordt stap voor stap ontleed. En het leuke is: we beginnen bij het begin!

Wat leert u in dit boek?
- De laptop aan en uitzetten en uw toestel leren kennen
- Omgaan met toetsenbord en muisaanwijzer
- Brieven en teksten opstellen
- Surfen op het internet
- E-mails versturen
- Programma's installeren en starten
- Uw laptop buitenshuis gebruiken
- En… u uitdrukken in de taal van laptops!

Waarom is dit boek voor u bedoeld?
- Ervaring en voorkennis zijn niet nodig
- De uitleg is helder en eenvoudig
- Tips en waarschuwingen zeggen u heel duidelijk wat wel en niet mag
- In de praktische opdrachten volgt u stap voor stap de juiste handelingen
- Elke fase van de oefening wordt ondersteund met afbeeldingen van het laptopscherm, volledig in kleur!!

ISBN: 978-90-456-4467-7
336 pagina's
22,50 €

Eerste Hulp bij uw PC voor senioren

Begin bij het begin!
Tot ergernis van bijna elke pc-beginner gaat er wel eens wat fout. Uw computer reageert anders dan verwacht, er verschijnt een onbegrijpelijke vraag in beeld of Windows Vista loopt vast! Problemen waar u geen antwoord op vindt. Geen nood! Dit boek vormt uw ideale hulp.
In heldere taal en met duidelijke voorstellingen krijgt u zicht op de kern van probleemgevallen. Stapsgewijs wordt gezocht naar oorzaken en gepaste oplossingen. U leert alarmsituaties doorgronden en op een verantwoorde manier aanpakken. Aan de hand van vele kleurenillustraties en korte tekst leert u zelfstandig en koelbloedig omgaan met problemen. Aan het einde van dit boek bent u echt de baas over uw pc!

Wat leert u in dit boek?
- Uw pc weigert te starten of af te sluiten: hulpacties
- Orde scheppen in de chaos van vensters, mappen en bestandstructuren
- Problemen verhelpen bij het typen en verwerken van teksten en brieven
- Laat het toetsenbord en de muis gehoorzamen
- Vreemde boodschappen, tekens en kleuren op het scherm: wat kunt u doen?
- Afdrukken zoals u wil: instellingen van de printer
- De oplossing inzien van elk mogelijk probleem

Waarom is dit boek voor u bedoeld?
- Ervaring en voorkennis zijn niet nodig
- De uitleg is helder en eenvoudig
- Tips en waarschuwingen zeggen u heel duidelijk wat wel en wat niet mag
- In de praktische opdrachten volgt u stap voor stap de juiste handelingen
- Elke fase van de oefening wordt ondersteund met afbeeldingen van het computerscherm, volledig in kleur!

ISBN: 978-90-456-4453-0
312 pagina's
22,50 €

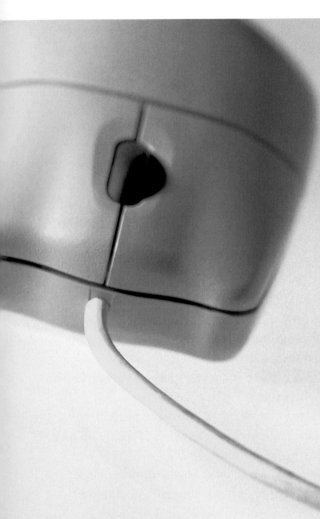